Alan Lakein

Lakeins Zeitsystem

Dein Leben ist kurz, mach was draus!

Aus dem Amerikanischen von Reinhard Wagner

Hoffmann und Campe

Titel der Originalausgabe:
How To Get Control of Your Time and Your Life
Erschienen bei Peter H. Wyden, Inc., New York, 1973

1. bis 20. Tausend 1974

Gesetzt aus der Korpus Palatino-Antiqua
Gesamtherstellung: Ebner, Ulm
ISBN 3-455-04040-3 · Printed in Germany

Inhalt

1 Warum Sie sich um Ihre Zeit kümmern sollten 13

2 Lebenskontrolle — Ihr eigener Vorteil 16
Warnung vor Sekundenzeigerfetischisten 17
Die Entscheidung liegt bei Ihnen 18

3 Entscheiden Sie sich! 21
Wer soll das schaffen? 22
Alle fordern Ihre Zeit 23
Tun Sie das, was Sie wollen! 24
Klammern Sie sich an die Vergangenheit? 25
Warum Entscheidungen so schwerfallen 26
Entscheidungen fällen — aber wie? 28

4 Planung führt zur Kontrolle 30
Lernen Sie von Profis! 31
Wie setzen Sie Ihre Prioritäten? 32
Das Prioritäten-ABC 34

5 Was erwarten Sie wirklich vom Leben? 36
Die Frage nach den Lebenszielen 38
Die Drei-Jahres-Frage 39
Die Sechs-Monate-Frage 39
Was geht aus den Antworten hervor? 40

Die Lösung von Zielkonflikten 42
Wie man im Leben Prioritäten setzt 43

6 Und jetzt geht's los! 44
Wie Sie Aktivitäten ausmachen, die Sie ihren A-Zielen näher bringen 45
Werfen Sie Ballast ab! 49
Wählen Sie eine A-Aktivität — ergreifen Sie die Initiative! 50

7 Planen löst Probleme 52
Planen — auch eine Zeitfrage? 54
Wie Sie A-Zeit gewinnen 56
Brauchen Sie eine Zeitveränderung? 58
Es gibt zwei Arten von Primärzeit 59
Bleiben Sie beweglich! 61

8 Wie man neue Zeitquellen erschließt 63
Faulenzen fördert Ihre Arbeitskraft 64
Das Freizeitproblem der Hausfrau 66
Nutzen Sie Ihre Übergangszeit! 68
Der Weg zur Arbeit — keine verlorene Zeit 69
Kaffeepausen – keine verlorene Zeit 69
Ein Essen kostet Zeit und Geld 70
Wartezeit — keine verlorene Zeit 71
Arbeiten Sie im Schlaf! 71
Widersetzen Sie sich Parkinsons Gesetz! 73
Nutzen Sie jede freie Minute! 74

9 Verschaffen Sie Ihren Prioritäten Geltung! 77
Ihre Aufgabenliste — Ihre tägliche Aufgabe 78
Was gehört auf die Liste? 79

Keine Sorge, wenn Sie nicht alles schaffen! 81
Wie man mehr Dinge erledigt, die zählen 82

10 Aufgaben, die Sie nicht erfüllen sollten 85
Die Achtzig-zu-Zwanzig-Regel 87
Wie man Cs links liegen läßt 90
Wenn ein C zu einer Krise führt 92
Sie brauchen eine C-Schublade! 94
Jeder Hausfrau ihren Schreibtisch! 96
Der Papierkorb 97
Wie man seine Papierflut eindämmt 98
Nur einmal, mit Gefühl! 99
Wie man die Informationsflut kanalisiert 101
Lesen Sie Bücher wie Ihre Zeitung! 102
Müssen Sie schneller lesen? 104

11 Wie man sich selbst und seine Mitmenschen bei Laune hält 105
Neinsagen lernen 106
Kompromisse, die Erfolg versprechen 108
Wann haben Sie für wen (oder was) Zeit? 109

12 Wie Sie Zeit für ungestörte Arbeit finden 111
Wenn der Störenfried vier Jahre alt ist 114
Zeit für andere und Zeit für sich 115
Richten Sie »Sprechstunden« ein! 117
Es kann auch ins Auge gehen, wenn man sich zurückzieht 117
Vom Umgang mit Plaudertaschen 119

13 Lakeins Frage 121
Stellen Sie Lakeins Frage ständig! 122
Perfektion und Perfektionismus 124

14 **Schweizer Käse** 127
Haben Sie das richtige A-1 gewählt? 128
Sie verzögern unnötig, wenn . . . 130
Fordern Sie das A-1, das Sie zu überfordern droht! 131
Was fünf Minuten bewirken können 134
Ein letzter Versuch 135
Hören Sie auf, wenn Sie aufhören müssen! 136

15 **Finden Sie Sofortaufgaben, die sofort ein dauerhaftes Engagement herbeiführen!** 139
Planen Sie (noch) detaillierter! 139
Verschaffen Sie sich mehr Informationen! 141
Versuchen Sie es mit einer weiterführenden Aufgabe! 143
Nutzen Sie Ihre augenblickliche Stimmung! 147
Ein stimulierendes Selbstgespräch 149
Verpflichten Sie sich einem Mitmenschen! 150

16 **Ein Reizwechsel kann Sie bei der Stange halten** 153
Langeweile überflüssig! 154
Passive und aktive Pausen 156
Zuwenig Information — oder zuviel? 158
Die Geschichte eines Kissens 159

17 **Zögern Sie zur rechten Zeit!** 161

18 **Keine Angst vor Hindernissen!** 165
Läßt sich die Angst auslöschen? 167
Die Angst läßt sich eindämmen 168
Der Angst läßt sich durch »Judogriffe« beikommen 169
Die Angst läßt sich wie ein Luftballon aufpusten 170

19 Eine Verzögerung kann teuer zu stehen kommen 173
Das Problem eskaliert 174
Was kostet eine Verzögerung? 175
Bedenken Sie die Risiken! 178
Arbeiten unter Druck bringt nur Nachteile 180

20 Stimulieren Sie sich durch Erfolgserwartungen! 182
Wie man sich selbst belohnt 183

21 Die Rückkehr nach einer A-1-Flucht 186
Sieben beliebte Fluchtziele 187
Sie müssen eine Zeitverschwendung klar erkennen! 189
Schneiden Sie sich Ihre Fluchtwege ab! 192
Sie können positiv verzögern 193

22 Wie man es das nächstemal besser macht 195
Übungen, die Ihre Willenskraft stärken 196
Drosseln Sie methodisch Ihren Fernsehkonsum! 199
Nur noch ein paar Minuten mehr! 201

23 Geben Sie Ihr Bestes und werten Sie das als Erfolg! 203
Versuche und Erfolge 205

Anhang 207
Wie ich Zeit spare 207

Für meine Frau

1

Warum Sie sich um Ihre Zeit kümmern sollten

Zeit ist nicht nur Geld: Zeit ist das Leben selbst. Sie ist unwiederbringlich und unersetzlich. Wer seine Zeit aus der Hand gleiten läßt, läßt sein Leben aus der Hand gleiten; wer seine Zeit in der Hand hat, hat sein Leben in der Hand.

Ich berate Menschen über Zeitplanung und weise ihnen Wege zu ihren Lebenszielen. Im Verlauf meiner Arbeit habe ich ein neues System entwickelt, das in diesem Augenblick Tausenden hilft, Richtlinien für eine optimale Zeiteinteilung zu finden – und dadurch ihr Leben unter Kontrolle zu bringen.

Ich will Sie nicht zu Zeitrobotern programmieren, die all ihre Aufgaben in kürzester Zeit mit dem geringsten Aufwand bewältigen. Wer auf diese Weise »automatisch« rationalisiert, denkt sich ansonsten nicht mehr viel bei seinen Aktionen und reduziert sie zu mechanisch vollzogenen, Schritt für Schritt durchgeführten Routineaktivitäten. Es scheint ausgeschlossen, daß derart erfüllte Aufgaben Spaß machen oder inneres Engagement aufkommen lassen. Jeder Sekundenzeigerfetischismus bringt weder emotionalen noch rationalen Gewinn: Er eliminiert das Denken und verhindert eine engagierte Auseinandersetzung mit den Aufgaben, die das ewig unprogrammierte Leben stellt.

Ich möchte nicht, daß das Denken verkümmert. Wenn Sie meinen Ratschlägen folgen, werden Sie wahrscheinlich mehr als bisher darüber nachdenken, was Sie wirklich mit Ihrer Zeit anfangen sollen, wie Sie sich manche Arbeit sparen können, wie Sie mehr Dinge tun können, die Sie schon lange tun wollten, und wie sich Ihr Leben sehr viel besser genießen läßt.

Verwechseln Sie mich also bitte nicht mit einem »Zeit-und-Leben«-Rationalisierungsfachmann. Ich bin eher ein »Zeit-und-Leben«-Erfolgsexperte, der Wert auf *alle* Auswirkungen Ihrer Aktivitäten legt. Sie sollen lernen, aus der Fülle möglicher Aufgaben die (für Sie) wichtigste auszuwählen und sie dann optimal zu bewältigen. Mir erscheint es wichtiger, seine Zeit sinnvoll zu gestalten und die richtige Wahl seiner Aktivitäten zu treffen, als eine unüberlegt übernommene Aufgabe noch so gewissenhaft zu lösen. Die Tüchtigkeit, mit der Sie eine Tätigkeit ausführen, ist durchaus eine Tugend; doch sie reicht nicht aus. Streben Sie nach erfolgs- und zeitbewußter Zielstrebigkeit, nach Tüchtigkeit zur rechten Zeit, am rechten Ort, den Sie durch eine rationale Deduktion ermitteln, die auch Ihren emotionalen Bedürfnissen Rechnung trägt.

Einige Methoden meines Systems mögen Sie überraschen. Nehmen wir beispielsweise einmal an, in zehn Minuten müßten Sie zum Zahnarzt gehen. Die meisten Leute vertrödeln diese kurze Zeit. Ich kann Ihnen jedoch zeigen, wie Sie sich in diesen zehn Minuten hervorragende Startbedingungen für jede große Aufgabe sichern können, die Sie vielleicht schon lange vor sich herschieben — wie die Renovierung Ihrer Wohnung oder die Analyse Ihrer Produktionskosten.

Dieses Buch schildert die Erfahrungen, die meine Klienten, meine Familie und ich mit meinen Methoden gemacht haben. Und Sie werden sehen, daß mein System Sie nicht überfordert, daß es keine starren, mechanisch applizierten Regeln kennt. Wenn Sie versuchen werden, mit meinem System zu arbeiten, bürden Sie sich keine Last auf. Im Gegenteil: Es macht Spaß, sich seine Methoden anzueignen und damit zu experimentieren. Die Ergebnisse lassen nicht lange auf sich warten, nachhaltige Erfolge stellen sich zunehmend ein.

Mein Zeit-System hat sich bewährt — bei IBM, der Bank of America, bei Lever Brothers und Standard Oil of California;

bei Popsängern, Schriftstellern, Künstlern, Generaldirektoren, Unternehmern, Hausfrauen, Studenten und zahlreichen anderen Menschen.

Ich halte viel vom Wert meines Systems, weil es mir die Kontrolle über mein Leben ermöglicht hat. Dieses mein System kann auch *Ihr* Leben positiv beeinflussen und Wege zu *Ihren* Lebenszielen erschließen. Primär geht es mir jedoch nicht darum, Ihnen Patentrezepte zu vermitteln, mit deren Hilfe Sie Präsident Ihrer Gesellschaft werden oder Beruf und Mutterpflichten unter einen Hut bringen. Mit meinem System *können* Sie solche Ziele erreichen – wenn es wirklich Ihre Ziele sind. Doch auch als Student, Schachspieler, Bastler oder internationaler Playboy werden Sie größere Erfolge erzielen. Die Entscheidung liegt bei Ihnen.

Und bitte prägen Sie sich ein: Das ewige Gerede vom Zeitmangel ist völlig aus der Luft gegriffen. Wir haben alle genug Zeit, um all das zu tun, was wir wirklich tun wollen. Sie kommen auch zu nichts, weil Sie »zu beschäftigt« sind? Bedenken Sie: Viele Leute sind noch viel beschäftigter als Sie — und viele dieser Vielbeschäftigten kommen trotzdem zu etwas. Sie haben nicht mehr Zeit als Sie. Sie machen nur mehr aus ihrer Zeit! Die Fähigkeit, seine Zeit optimal zu nutzen, läßt sich wie das Autofahren lernen; und dieses Buch gibt Ihnen das gesamte Rüstzeug in die Hand, das Sie dazu benötigen. Ich werde Ihnen vernünftige, praktische Methoden vorführen, die Sie zum Herrn über Ihre Zeit machen können — und nicht zum Sklaven der Uhr, die Ihr Leben in Sekunden einteilt. Sie werden lernen, Ihr Leben nach eigenem Ermessen bedürfnisgerecht einzurichten.

Das Wichtigste in Ihrem Leben ist letztlich Ihre Zeit. Ich kann Ihnen nicht mehr Zeit verschaffen, als Sie ohnedies schon haben: Auch wenn Sie mein System beherrschen, besteht Ihre Woche nach wie vor aus 168 Stunden. Doch ich kann Ihnen helfen, Ihre Zeit erfolgversprechender zu nutzen.

Und nun an die Arbeit!

2

Lebenskontrolle – Ihr eigener Vorteil

Kontrolle ist ein Schlüsselbegriff in diesem Buch. Da kein Synonym all das verdeutlichen kann, was ich mit *Kontrolle* meine, möchte ich ein Beispiel dafür geben.

Ballen Sie die Hand zur Faust. Drücken Sie zu, ganz fest — Sie spüren den Druck. Lassen Sie die Faust geballt — Sie spüren Schmerzen. Eine geballte Faust nützt wenig; sie schadet höchstens.

Lassen Sie nun Ihre Hand seitlich herunterbaumeln. Lockern Sie Ihre Muskeln, entspannen Sie sich völlig. Auch so kann Ihre Hand nicht sehr viel ausrichten.

Jetzt heben Sie die Hand allmählich bis zur Höhe Ihrer Augen. Lassen Sie Ihre Hand in Aktion treten: Bewegen Sie langsam Ihre Finger. Die Muskeln arbeiten elastisch und kontrolliert. Mit dieser Hand können Sie zupacken!

Die Kontrolle, die ich meine, entspricht in mancher Hinsicht den elastischen Bewegungen der Muskeln. Diese Kontrolle über Ihre Zeit (und Ihr Leben) gibt Ihnen festen Halt, legt Sie aber nicht in Fesseln. Die Zügel Ihrer Zeit, die Sie selber führen, sind nicht zu straff und nicht zu locker. Eine so geartete Kontrolle wird Ihnen helfen, Ihre Aufgaben zu bewältigen, und sie erlaubt Ihnen auch, flexibel und spontan zu handeln. Ihr Leben kommt ins Lot.

Warnung vor Sekundenzeigerfetischisten

Es ist gewiß nicht Absicht dieses Buches, aus Menschen Uhrmenschen zu machen, die ständig auf Sekundenzeiger starren, und ich will Sie auch nicht in übereifrige Arbeitsbienen verwandeln. Ich präsentiere Ihnen jetzt lediglich drei Prototypen des allseits unbeliebten Zeitfanatikers.

Der *Zeitfanatiker* verfertigt, vervollkommnet, verliert ständig Listen. Wird ihm eine Aufgabe übertragen, so trägt er sich zunächst oft endlos lange mit Gedanken. Er erwägt jede Möglichkeit, plant jede Einzelheit, grübelt ständig, ob er alles zu Bedenkende bedacht hat. Da er in Theorien schwelgt, vernachlässigt er folgerichtig die Praxis, und wichtige Aufgaben bleiben oft einfach liegen. Die systematische Ordnung seiner Gedanken ist ihm wichtiger als systematische Arbeit. Versagt sein Plan für heute in der Praxis, dann wird der Plan für morgen besser sein. Er ist so organisationswütig, daß er Veränderungen, neue Möglichkeiten und die Bedürfnisse der anderen oft gar nicht wahrnimmt.

Die *Zeitameise* ist so emsig, daß ihr keine Zeit bleibt, den Wert ihres emsigen Tuns abzuwägen. Man kommt kaum an sie heran, auch mit einer zeitsparenden Idee. Sie ist allgemein unbeliebt, weil sie jedem erzählt, was sie zu tun hat. Selten handelt sie spontan und flexibel. Ihre Tüchtigkeit ist beängstigend, doch steuert sie oft hartnäckig die falschen Ziele an. Bei der Arbeit, in der Freizeit, stets steckt sie voller Tatkraft und kennt keine Entspannung.

Der *Sekundenzeigerfetischist* lebt nach der Stoppuhr. Seine fortwährende Hetzjagd nach verlorenen Sekunden hält ihn und alle Welt in Atem. Er rotiert rund um die Uhr, um einen Zeitplan einzuhalten, der nicht einzuhalten ist. Beginnt eine Sitzung auch nur eine Minute zu spät, gerät er schon in Panik. Er verfertigt mit größter Sorgfalt minuziöse Rapporte über sein tägliches Tun. Er weiß, wie er beim Frühstück elf Sekunden spart. Ein anstrengender Zeitgenosse!

Ich garantiere Ihnen: Wer versucht, seine Zeit und sein Leben unter Kontrolle zu bringen, wird keineswegs zwangsläufig zum Zeitplanfanatiker, zur Zeitameise oder zum Sekundenzeigerfetischisten. Jeder dieser Prototypen des Zeitfanatikers hat einen Aspekt der Kontrolle verabsolutiert und zum ehernen Gesetz seines Handelns erhoben. Sie alle nutzen ihre Zeit nicht besser als der Mensch, der keine Ordnung kennt, der nie tut, was er sagt, nie seine Schritte plant und sein Leben lang von einer Krise in die andere schlittert.

Keines dieser Extreme ist nachahmenswert. Zu viel Ordnung ist ebenso wirkungslos wie zu wenig. Wo liegt das richtige Maß? Die Menschen sind verschieden, und verschieden ist das Ausmaß ihrer Bedürfnisse nach einem strukturierten Leben und nach spontanem Handeln. Darüber hinaus wechseln auch die Bedürfnisse des einzelnen mit dem Alter, der Jahreszeit, der Situation. Ein Mensch, der im Beruf auf Ordnung hält, mag in seiner Freizeit die Zügel schleifen lassen. Ein Mensch, der mit Dreißig klare Zielvorstellungen entwickelt hat und genau weiß, was er aus seiner Zeit und seinem Leben machen möchte, könnte mit Vierzig feststellen, daß er all seine Pläne aufgeben muß, wenn er weiterkommen will.

Die Entscheidung liegt bei Ihnen

Die Elemente meines Systems sind nicht für starren, mechanischen Einsatz gemünzt. Sie sollen Ihnen vielmehr helfen, innere und äußere Hemmnisse zu überwinden, ohne daß Sie irgendwelche Abstriche an Ihrer persönlichen Entscheidungsfreiheit und Individualität vorzunehmen haben.

Die Art des Umgangs mit der Zeit resultiert aus einer ganz persönlichen, individuellen Entscheidung, und es liegt letztlich an Ihnen, wie Sie die Vorschläge dieses Buches verwerten. Es ist wichtig, daß Sie alle meine Anregungen an Ihrem eigenen Arbeits- und Lebensrhythmus messen. Erwägen Sie während der Lektüre Ihre Stärken und Schwächen. Denken Sie an *Ihre* Zeitprobleme und setzen Sie Prioritäten bei den nötigen Verbesserungen. Scheuen Sie nicht davor zurück, das Buch durch eigene Anmerkungen zu Ihrem Buch zu machen. Unterstreichen Sie die Hauptgedanken, machen Sie Randnotizen. Sie erleichtern sich das Nachschlagen, wenn Sie vorne im Buch die Zahlen der Seiten notieren, die Ihnen am wichtigsten erscheinen.

Wählen Sie überlegt unter meinen Anregungen. Halten Sie sich stets vor Augen: Verschiedenartige Menschen brauchen verschiedenartige Ratschläge; manchmal bringt ein Vorschlag, der dem einen weiterhilft, dem anderen nichts ein. Greifen Sie die Anregungen auf, von denen Sie sich am meisten versprechen, und gewinnen Sie mit ihrer Hilfe mehr Lebensfreude und größere Zufriedenheit.

Ob Sie im Büro oder im Haushalt arbeiten, ob Sie eine Schule besuchen oder einfach in den Tag hinein leben — was auch immer Sie tun: Ich zeige Ihnen, wie Sie es erfolgreicher tun können. Ich werde Ihnen helfen, wichtige Aufgaben von unwichtigen zu trennen. Glauben Sie mir: Sie können diese wichtigen Aufgaben bewältigen, auch wenn sie Ihnen unzumutbar, unangenehm oder unlösbar erscheinen.

Leiden Sie darunter, daß Sie nie etwas zu Ende bringen, weil Sie nie richtig damit anfangen? Ich werde Ihnen zeigen, wie Sie mit diesen ewigen Verzögerungen ein für allemal Schluß machen können.

Wollen Sie Ihre Konzentration verbessern, Ablenkungen fernhalten und Stehvermögen erwerben? All das können Sie bei mir lernen. Wollen Sie wissen, wie man mit den Menschen seiner Umgebung besser zurechtkommt? Sie werden es erfahren. Dieses Buch präsentiert bewährte Methoden zur Bewältigung von Streßsituationen, und es vermittelt die Fähigkeit, jede Aufgabe präzise, termingerecht und mit dem nötigen Fingerspitzengefühl zu lösen.

Wenn Sie wollen, kann dieses Buch Ihre Finanzen verbessern. Ihrem Chef wird imponieren, wie Sie Ihre Zeit im Griff haben. Sind Sie selbst Geschäftsmann, werden Sie Ihre Geschäfte systematischer betreiben können.

Vor allem wird dieses Buch Ihnen zeigen, wie man effektiver arbeitet, ohne sich zu verausgaben — mit dem Ergebnis, daß Sie mehr Zeit gewinnen: für sich selbst, Ihre Familie, Ihre Freunde; für die Erfüllung eines Wunschtraums, die Sie sich bisher versagten, weil Sie »keine Zeit« hatten. Sie werden sich nicht mehr hilflos den Unwägbarkeiten Ihrer Situation, Ihrer Umgebung ausgeliefert fühlen. Sie werden eine flexible Haltung gegenüber diesen Unwägbarkeiten entwickeln und sie Ihren Zielen, Ihren Ansichten, Ihrer Persönlichkeit zuordnen.

Durch eine wirksamere *Kontrolle* über Ihre Zeit und Ihr Leben gewinnen Sie vor allem größere *Freiheit*. Das mag paradox klingen; doch ich glaube, wenn Sie dieses Buch gelesen haben, werden Sie mir zustimmen.

3

Entscheiden Sie sich!

Mrs. Kay riecht den Rauch, blickt von der Zeitung auf und sieht die Vorhänge des Küchenfensters brennen. Verwendet sie nun ihre Zeit am besten darauf, 1. ihr Brot mit Butter zu bestreichen und die Lektüre ihrer Zeitung fortzusetzen oder 2. etwas gegen das um sich greifende Feuer zu unternehmen? Ob Mrs. Kay mit einem Wassereimer zu den Vorhängen rennt, ob sie die Feuerwehr anruft oder zum Feuermelder an der Ecke hastet — kein Mensch käme auf den Gedanken, daß sie durch das Bestreichen ihres Brotes ihre Zeit sinnvoller nutzen würde.

In der Regel lassen sich Entscheidungen jedoch nicht so ohne weiteres treffen. Nach vierzehn Jahren in der Autoindustrie dachte Mr. Williams daran, sich beruflich zu verändern. Zwar hatte er es zu etwas gebracht, doch gab er sich nicht damit zufrieden. Herstellungsleiter eines Montagewerks in der Provinz — was war das schon? Er war die Kleinstadt leid; ein Leben in Chicago schien ihm verlockender.

Mr. Williams kam in Aufbruchstimmung. Doch was sollte er tun? Sollte er als Herstellungsleiter zu einem anderen Industriezweig wechseln? Sollte er eine entsprechende Stellung in Chicago oder einer anderen Großstadt suchen? Sollte er erst umziehen und sich dann um eine Stelle kümmern? Wie sollte er sich umsehen? Oder sollte er der Herstellung den Rücken kehren und Grundstücksmakler werden? Bei so vielen Möglichkeiten liegt die Entscheidung keineswegs klar auf der Hand. Mrs. Kay und Mr. Williams, jedermann hat jeden Tag leichte und leichtzunehmende, schwere und schwerwiegende Entscheidungen zu treffen. Auch Sie müssen sich entscheiden.

Wer soll das schaffen?

Wären Sie gerne Arzt, Rechtsanwalt, Indianerhäuptling, Musiker, Architekt, Handwerker, Fußballstar? Zieht es Sie nach Spanien, Südamerika, Nigeria, Saudiarabien, Timbuktu? Nicht nur Geld und Begabung zählen, wenn Sie solche Ziele haben. Selbst mit dem Genie von Einstein und dem Geld von Onassis könnten Sie nicht alle Möglichkeiten wahrnehmen, die unsere Welt bietet. Ständig stehen Sie vor der Entscheidung.

Was tun Sie heute? Arbeiten Sie, gehen Sie aus, lesen Sie ein Buch, besuchen Sie Freunde, bleiben Sie den halben Tag im Bett, spielen Sie Karten? Ihre Zeit ist begrenzt — nicht aber Ihre Phantasie. Wollte man Tagträume, die Minuten dauern, in die Tat umsetzen, wäre man oft Wochen oder Monate beschäftigt.

Und wie sieht es mit den Dingen aus, die Sie tun *müssen:* den Bericht für Ihren Chef abfassen, überfällige Korrespondenz erledigen, Theaterkarten besorgen, Ihren Urlaub planen, mit dem Personalchef wegen eines neuen Assistenten reden, sich über die Zensuren Ihres Sohnes den Kopf zerbrechen, einen neuen Anzug kaufen, zum Zahnarzt gehen, Unkraut jäten? Wie können Sie nur all das schaffen, was Sie heute schaffen müßten?

Morgen werden Sie noch mehr zu tun haben. Ein endloser Strom möglicher Tätigkeiten zieht sich durch Ihr Leben, ständig gespeist von Ihrer Familie, Ihren Lehrern, Ihrem Chef und Ihren Untergebenen, von Ihren Träumen, Hoffnungen und Wünschen, von Ihrem Selbsterhaltungstrieb und Ihrem Leistungswillen. Sie haben viel zu tun und haben stets zuwenig Zeit.

Daß wir so viele Möglichkeiten der Entscheidung haben, liegt zum Teil an unserer Zeit. Früher, als sich das Leben in engeren Grenzen abspielte, blieb den Menschen kaum eine Wahl. Not und Notwendigkeit diktierten meist das Handeln. Man lebte nach starren Richtlinien, die von der Tradition, der Religion, dem sozialen Stand oder regionalen und anderen Gegebenheiten bestimmt wurden.

Heute sind soziale, wirtschaftliche und regionale Bindungen oft erheblich gelockert, und mit zunehmender Freizeit haben sich Entscheidungsmöglichkeiten und Entscheidungszwänge vervielfacht. Die Wahl ist oft sehr schwer zu treffen. Das gilt besonders für Frauen, die eine Lawine neuer Möglichkeiten auf sich zukommen sehen.

Alle fordern Ihre Zeit

Angenommen, Sie sind gleichzeitig Ernährer, Ehemann, Familienmitglied, Skatspieler, Kirchgänger, Vereinsmitglied und Staatsbürger mit politischem Bewußtsein. Ernährer und Ehemänner, Familienmitglieder und Skatspieler, Kirchgänger, Vereinsmitglieder und Staatsbürger mit politischem Bewußtsein sehen sich stets zeitlichen Anforderungen ausgesetzt. *Sie* müssen alle unter einen Hut bringen.

Oft wird die Lage kritisch: Ein Dutzend wütender Kunden verlangt die sofortige Lieferung eines nicht vorrätigen Artikels. Alle Familienmitglieder fordern kategorisch Ihre Aufmerksamkeit, wenn Sie müde vom Büro nach Hause kommen. Drei Fernsehprogramme werben um Ihre Zuschauergunst. Sie könnten sich endlos mit dem Versuch abmühen, einen Ausgleich zwischen diesen konfliktgeladenen Anforderungen herbeizuführen und allseits Zufriedenheit zu verbreiten.

Manche Bitten sollten Sie gerne erfüllen. Was für Ihren Freund Bedeutung hat, mag Ihnen unwichtig erscheinen —

doch denken Sie daran, daß wir in einer Welt der wechselseitigen Abhängigkeiten leben und in gewissem Umfang unsere Zeit mit andern teilen müssen.

Als Sie Ihren Arbeitsvertrag unterzeichneten, als Sie Ihre Heiratsurkunde in der Hand hielten, wußten Sie doch auch, daß Sie nun über Ihre Zeit nicht mehr uneingeschränkt verfügen konnten. Die Aussicht auf Liebe, Sicherheit, Verbundenheit, Geld und gutes Essen machte Ihnen den Verzicht leicht. Blicken Sie den Tatsachen ins Auge: Manchmal müssen Sie das tun, was andere von Ihnen wollen.

Tun Sie das, was Sie wollen!

Lebhaft diskutierte Mrs. Reed mit ihren Freundinnen über die Zukunft ihres Sohnes. Nach der Schule würde Jack die Universität besuchen, an der schon seine Eltern studiert hatten. Jack hatte andere Vorstellungen. Er war die Schule leid, verabscheute konventionelles Bildungswesen und träumte von einer großen Reise.

Wie läßt sich Jacks Zeit am besten nutzen? Die Antwort liegt keineswegs klar auf der Hand, auch wenn Mrs. Reed und Jack eindeutige Positionen bezogen haben.

Wer trifft die Entscheidung? In jedem Falle Jack. Mrs. Reed mag dieses Recht für sich beanspruchen, doch selbst wenn Jack ein Studium beginnt (und sei es nur seiner Mutter wegen), so hat doch *er* einen Entschluß gefällt.

In vielen Lebenslagen mögen Sie das Gefühl haben, andere würden Ihre Entscheidungen treffen. Der Vater, die Mutter, der Ehepartner, der Chef, ein Freund scheinen dann zumindest ebenso über Ihre Zeit zu verfügen wie Sie selbst.

Der Schein trügt. Im Grunde kann man Ihnen nur Ratschläge geben — Sie allein treffen die letzte Entscheidung. Sie können den Rat befolgen, Sie können den Rat mißachten. Gewiß, manche Entschlüsse führen zu schmerzlichen Konsequenzen: Ihr Chef gibt Ihnen einen Auftrag, doch Sie haben etwas anderes vor. Wenn Sie nicht von Ihrer Haltung abzubringen sind, verlieren Sie möglicherweise Ihre Stellung. Doch in vielen Fällen haben Sie, zumindest bis zu einem gewissen Grad, die echte Möglichkeit der freien Wahl.

Es stimmt schon, daß der Anschein oft dagegen spricht. Und ich leugne keineswegs, daß uns Alter, Ausbildung, Lebensumstände, Geschlecht und Rasse Grenzen setzen. Sehen wir also der Tatsache ins Auge, daß jeder sich auch mit Gegebenheiten auseinandersetzen muß, die sich seiner Einflußnahme entziehen. Es spart eine Menge Zeit, solche Gegebenheiten realistisch einzuschätzen und zu akzeptieren. Wer ständig lamentiert: »Wäre ich nur jünger — reicher — klüger — erfolgreicher!«, der verwendet seine Zeit *nicht* sinnvoll (obwohl es sehr sinnvoll sein könnte, aus gewissen Fakten praktische Konsequenzen zu ziehen).

In allen Lebenslagen gibt es Zwänge, die Ihren Entscheidungsspielraum einengen. Aber Sie haben immerhin die Freiheit, über einen Großteil Ihrer *Zeit* zu verfügen. Vielleicht reden Sie sich nur ein, daß äußere Faktoren Ihr Leben bestimmen würden. Möglicherweise machen Sie sogar in jenen Bereichen, in denen Sie selbst das Sagen haben, von Ihrem Entscheidungsspielraum keinen Gebrauch.

Klammern Sie sich an die Vergangenheit?

Betrachten wir den Fall eines meiner Klienten, der ein so glänzender Handelsvertreter war, daß er zum Verkaufsleiter avancierte. In seiner neuen Stellung hatte er jedoch weit weniger Erfolg, und schließlich kam er ganz verzagt zu mir. Bald zeichnete sich sein Problem klar ab. Nach seinem Avancement geriet er in einen Konflikt zwischen seiner alten Gewohnheit, selbst zu verkaufen, und seiner neuen Aufgabe, dafür zu sorgen, daß andere für ihn verkauften. Zu oft handelte er noch wie ein Vertreter — nicht wie ein Verkaufsleiter.

Von nun an achtete er genau darauf, wieviel Zeit er durch

seine alte Gewohnheit verlor und wie lange er sich seiner neuen Aufgabe widmete. So gelang es ihm allmählich, sich von der Vergangenheit zu lösen und in seine neue Stellung hineinzuwachsen.

An allen Wendepunkten Ihres Lebens müssen Sie sich erst in Ihre neue Rolle finden: wenn Sie ein Studium beginnen, heiraten, Kinder bekommen, die Stellung oder den Wohnort wechseln, sich zur Ruhe setzen. Tragen Sie Sorge, Ihren Zeithaushalt so einzurichten, daß er Ihrer gegenwärtigen Situation gerecht wird und sich nicht nach der Vergangenheit richtet.

Warum Entscheidungen so schwerfallen

Manchmal hat jeder den Wunsch, zur gleichen Zeit verschiedene Dinge zu tun. Rationale, emotionale und physische Bedürfnisse müssen befriedigt werden; doch läßt sich das nicht stets synchronisieren. Gelegentlich kommt es zum Konflikt. Arbeiten oder Golf spielen? Lesen oder sich dem Kind zuwenden? Kaffeetrinken oder ins Büro zurückkehren? Wie soll man sich entscheiden?

Mr. Smith wußte, daß ein Diktiergerät Zeit sparen würde, doch er haßte es, an die Wand zu reden. Sollte er sich rational oder emotional entschließen — sollte er Zeit sparen oder seiner Sekretärin diktieren? Mr. Smith hielt das Problem für gelöst, als er ein Foto seiner Sekretärin auf den Schreibtisch stellte und ein Diktiergerät anschaffte. Das gab ihm die Illusion, er hätte beim Diktieren einen Menschen vor sich. Alles ging gut, bis eines Tages seine Frau ins Büro kam und das besagte Foto sah. Es läßt sich denken, welchen Preis Mr. Smith zu zahlen hatte, als er mit den Bruchstücken des Bildes wieder auf den Beinen stand. Vielleicht hätte Mr. Smith besser daran getan, seinen Schreibtisch mit einem Familienfoto zu schmücken, das ihn daran erinnerte, wo sein schwer verdientes Geld blieb.

Auch eine andere Art des Konflikts ist höchst problematisch: der Konflikt zwischen Langzeit- und Kurzzeitzielen. Sollen Sie das Abendessen kochen oder das kommende Festmahl vorbereiten? Sollen Sie den Rasen sprengen oder Ihre Gartenbücher lesen?

Mr. Martin war mit seiner Arbeit erheblich in Verzug geraten. Um seinen Auftragsrückstand wettzumachen, würde er zumindest einen Monat brauchen; doch die Geschäftsleitung hatte für solche Fälle höchstens eine Woche vorgesehen. Mr. Martin hatte ein System entwickelt, mit dem sich die Bearbeitungszeit der Aufträge drastisch reduzieren ließ; doch die Einführung dieses Systems machte wiederum zwei Monate erforderlich.

Sollte Mr. Martin alle Auftraggeber zwei Monate lang hinhalten? In dieser Zeit konnte er das neue System einführen. Der Auftragsrückstand jedoch würde chaotische Ausmaße annehmen.

Oder sollte Mr. Martin wie bisher die Aufträge der Reihe nach erledigen? Dann wären wenigstens einige Kunden zufrieden. Gewiß, er würde länger brauchen, doch so entsprach es den Usancen seines Unternehmens. Täglich würde der Berg unerledigter Aufträge sichtbar kleiner, was ausgeschlossen wäre, wenn er seine Energien auf das neue System konzentrierte.

Soll sich Mr. Martin von Kurzzeit- oder Langzeiterwägungen leiten lassen? Soll er täglich einen Teil der Aufträge bearbeiten oder sein System einführen? Was auch immer er beschließt — nicht alle werden seinen Beschluß billigen. Das Kurzzeitprogramm würde auf lange Sicht versagen. Das Langzeitprogramm brächte kurzzeitige Nachteile. In einer solchen Situation könnte Mr. Martin sich für eine der beiden Alternativen entscheiden oder sich um einen Kompromiß bemühen, der eine begrenzte Auftragsbearbeitung gestattet, ohne die Einführung des neuen Systems auszuschließen. Eines steht fest: Er muß den Kurzzeit-Langzeit-Konflikt lösen, wenn er seine Stellung und seine Gesundheit behalten will.

Entscheidungen fällen – aber wie?

Ihre Zeitgestaltung ist das Ergebnis von hunderttausend wichtigen und unwichtigen Entscheidungen, die Sie jedes Jahr, jeden Monat, jede Woche, jeden Tag und jede Minute treffen. Dabei lassen Sie sich von verschiedenen Motiven leiten. Sind Ihnen die Faktoren bewußt, die beispielsweise Ihr Verhalten im sozialen Bereich beeinflussen? Ich nenne einige:

1. *Gewohnheit:* Seit Jahren treffen Sie sich einmal im Monat mit dem Ehepaar Jones. So langsam macht Ihnen das keinen Spaß mehr; doch weil es immer schon so war, gehen Sie weiterhin mit ihnen aus.

2. *Bitten und Befehle:* Ihr Mann bedrängt Sie ständig, ein Ehepaar zum Essen einzuladen, das ihm beruflich weiterhelfen könnte; schließlich geben Sie nach, obwohl Sie die Leute nicht mögen.

3. *Furcht vor Enttäuschungen:* Sie hocken herum und malen sich aus, wie schön es doch wäre, wenn Sie ein Ehepaar besuchen würde, das Sie neulich kennengelernt haben; zu einer Einladung können Sie sich nie so richtig aufraffen, weil Sie befürchten, aufdringlich zu erscheinen.

4. *Eingebung des Augenblicks:* Sie beschließen plötzlich, heute abend auszugehen, und laden ein anderes Ehepaar ein; doch Sie bekommen einen Korb und verabreden sich nun mit einem Paar, das Ihnen weit weniger sympathisch ist.

5. *Mangelnde Eigeninitiative:* Sie warten darauf, daß andere Paare Sie einladen, und verbringen deshalb die meiste Zeit zu Hause oder in der Gesellschaft von Leuten, die Sie nicht besonders schätzen.

6. *Bewußte Entscheidung:* Sie wollen neue Bekannte einladen und alte Freunde wiedersehen; also setzen Sie sich mit Ihrem Mann zusammen und entwerfen ein Programm.

Eingebungen des Augenblicks können goldrichtig sein.

Auch ein Verhalten, das durch die Gewohnheit, die Furcht vor Enttäuschungen, durch Bitten und Befehle anderer oder selbst durch mangelnde Eigeninitiative bestimmt ist, läßt sich nicht ohne weiteres als Fehlverhalten deuten. Doch wenn Ihnen solches Verhalten nichts einbringt, dann sollten Sie sich häufiger bemühen, bewußte Entscheidungen zu treffen.

Groß ist die Versuchung, sich in schwierigen Situationen treiben zu lassen. Aber ist das wirklich eine Lösung? Wer sich vom Strom treiben läßt, kann vom Strudel erfaßt werden. Es gibt eine Alternative. Lassen Sie sich treiben — oder entscheiden Sie sich!

4

Planung führt zur Kontrolle

»Ich habe das Gefühl, meine Zeit mit Lappalien zu vergeuden, während mein Leben mir unter den Fingern zerrinnt.«

»Ich habe massenhaft zu tun — und viel zuwenig Zeit, um alles zu erledigen.«

»Ich bin gehetzt, geplagt, geschunden, fix und fertig. Stets scheine ich mich selber anzutreiben, nie kann ich mich völlig entspannen.«

Solche Sätze fallen häufig, wenn man Zeitprobleme mit mir diskutiert. Dahinter steht immer der Wunsch nach einer unbestimmten Wende: »Wäre ich nur Herr der Lage!« — »Wäre ich nur so wie X! Er scheint alles zu bewältigen und wirkt dabei entspannt und glücklich.« — »Könnte ich nur machen, was ich wirklich will!« — »Hätte ich mich nur unter Kontrolle!«

Kontrolle beginnt mit Planung.

Wer plant, verlegt die Zukunft in die Gegenwart; er trifft heute Maßnahmen für morgen.

Jeder macht Pläne: Wir planen einen Kinobesuch morgen, eine Fahrt am Wochenende, den Urlaub des nächsten Jahres. Wir machen große Pläne und kleine Pläne, realistische Pläne und abenteuerliche Pläne, leichtfertige Pläne und ernsthafte Pläne.

Die meisten Menschen planen aufs Geratewohl — und in der Regel nur dann, wenn sie sich dazu gezwungen fühlen. Vielleicht wächst Ihnen die Arbeit über den Kopf, und Sie müssen Ihren Tag wohl oder übel einteilen. Oder Sie bekommen längere Zeit frei und wollen wirklich etwas draus machen. Solche Gelegenheitsplanung ist gewiß sehr nützlich, doch sie hat ihre Grenzen. Wenn Sie nur auf diese Weise planen, so planen Sie vielleicht gerade dann nicht, wenn es am nötigsten wäre.

Die Art von Planung, die ich empfehlen werde, hat meines Wissens bisher niemandem geschadet. Doch ich kenne viele, die darunter litten, daß ihnen das Planen schwerfiel.

Lernen Sie von Profis!

Was unterscheidet einen Amateur- von einem Berufsfotografen? Wer gelegentlich den Fotoapparat hervorholt, um Geburtstagsfeiern, Naturschauspiele und Familienausflüge zu verewigen, der wird mehrmals den Auslöser betätigen, begierig die Ergebnisse erwarten und allzuoft Enttäuschungen erleben. Einige Bilder sind unscharf, auf einem Foto fehlt ein Kopf, ein anderes zeigt die gefurchte Stirn des glücklichen Geburtstagskinds — und der Fotograf kommt zu dem Schluß, daß er kein guter Fotograf ist.

Der Berufsfotograf macht es anders. Er verschießt mehrere Filme. Nach der Entwicklung prüft er die Ergebnisse und entdeckt mehr unbrauchbare Aufnahmen als unser Amateur. Doch da er so viele Bilder aufgenommen hat, finden sich doch einige, die ihm recht passabel scheinen.

Nun geht er in die Dunkelkammer und beginnt, die guten Aufnahmen zu verbessern. Er macht Ausschnitte und experimentiert mit der Belichtung, und nach weiteren Prozeduren bleiben vielleicht ein halbes Dutzend Abzüge, die ihm besonders zusagen. Er wählt die allerbesten aus, nimmt allerletzte Korrekturen vor und gewinnt einen internationalen Wettbewerb.

Diese Unterschiede zwischen Amateur und Profi gelten

auch für Zeitplaner: Die einen planen oberflächlich, gelegentlich, die anderen ernsthaft, zielstrebig. Wer seine Zeit unregelmäßig plant, hat keinen geübten Blick und kann leicht sein Ziel verfehlen. Seine Ergebnisse stimmen ihn mißmutig; sie scheinen kaum der Mühe wert. Er kommt zu dem Schluß, daß er kein guter Planer ist — und er gibt auf.

Wer demgegenüber gewissenhaft plant, wird seine Ziele immer wieder anvisieren. Ein scheinbar undurchdringlicher Dschungel von Konflikten gewinnt so allmählich klarere Konturen. Wilde Triebe werden beschnitten. Der Planer arbeitet wichtige Aspekte detaillierter aus, so daß ein immer klareres Konzept entsteht.

Er überprüft dann immer wieder, wie sich sein Plan in der Realität bewährt. Er macht Fehlerquellen, Verzögerungsgefahren und andere Probleme ausfindig und korrigiert, wo Korrekturen nötig sind. Stets orientiert er sich neu und stellt fest, daß er noch bessere Ergebnisse erzielen kann.

Ich kenne einen Bankier, der seine Arbeitszeit im Griff hat und jetzt mehr Zeit mit der Familie auf seinem Boot verbringen kann. Eine umsichtige Zeitplanung erleichtert es ihm, neue Projekte aufzugreifen und die tägliche Routinearbeit seinen langfristigen Vorhaben anzupassen. Er ist ein guter Zeitplaner — nicht weil er schon immer auf dem rechten Weg war, sondern weil er weder Zeit noch Mühe scheute, seine Pläne immer weiter zu entwickeln.

Wie setzen Sie Ihre Prioritäten?

Planen bedeutet oft ein hartes Stück Arbeit. Es erfordert konzentriertes Nachdenken und ausgewogene Entscheidungen. Auch muß Ihnen bewußt werden, nach welchen Kriterien Sie Prioritäten setzen.

Die Frau eines talentierten Filmemachers hatte das Gefühl, ihre Zeit zu verschwenden. Wie sich während der Konsultation herausstellte, richtete sie ihre zeitlichen Prioritäten nach den Bedürfnissen ihrer Familie aus; ihre eigenen Interessen kamen zu kurz. Als sie ihre persönlichen Belange stärker betonte, erkannte sie, daß sie sich nun auch unbefangener ihrer Familie widmen konnte.

Unterschiedliche Kriterien können zu unterschiedlichen Prioritäten führen und einen Interessenkonflikt heraufbeschwören. Haben Sie das jedoch klar erkannt, sind Sie für einen solchen Konflikt gewappnet.

Nehmen wir an, eine Lehrerin setzt in Abendkursen ihre Ausbildung fort. Sie gibt sich in der Schule Mühe, doch sie will auch beruflich weiterkommen. Soll sie nun nach dem Kurs die Aufsätze ihrer Schüler bewerten oder ihr Thema aus der vergleichenden Literaturwissenschaft bearbeiten? Die Bewertung der Aufsätze liegt im Interesse ihrer Schüler; die literaturwissenschaftliche Arbeit dient ihren persönlichen Zielen. Ihre Entscheidung richtet sich nach ihren Prioritäten. Eine vernünftige Planung kann ihr die Möglichkeit bieten, den Konflikt zwischen ihren Bedürfnissen und denen ihrer Schüler zu lösen.

Vielen Leuten scheint das Planen schwerzufallen, weil sie es einfach mit »Nachdenken« gleichsetzen — und das bedeutet für sie allzuoft »Löcher in die Luft starren« oder »vor sich hin träumen«. Planen erscheint ihnen zu abstrakt — es muß zu einer konkreten Aufgabe werden. Die Erfahrung mit Tausenden von Menschen hat mich gelehrt, daß man entschieden besser fährt, wenn man »Planen« vor allem als »Schreiben« versteht.

Die folgenden Kapitel enthalten eine Reihe von Übungen, und ich werde Sie bitten, einige Fragen schriftlich zu beantworten. Die Niederschrift zwingt Sie, verschwommene Vorstellungen zu konkretisieren; sie fördert realistische Entschlüsse. Die Zeit, in der Sie planen, bezeichne ich als »Stunde der Entscheidung«. Denn planen bedeutet entscheiden — über das *Was*, über das *Wann*, über das *Wie*.

Ob Sie lang-, mittel- oder kurzfristig planen: Schreiben Sie erstens eine Liste und setzen Sie zweitens Prioritäten. Ihre Liste enthält wichtige und weniger wichtige Punkte. Setzen Sie Prioritäten, die Ihrer augenblicklichen Situation entsprechen. Meiner Ansicht nach ist jede Liste unvollständig, die keine Prioritäten erkennen läßt. Denken Sie bei jeder Liste an Ihre Prioritäten.

Das Prioritäten-ABC

Arbeiten Sie mit dem Prioritäten-ABC: Kennzeichnen Sie die wichtigsten Punkte Ihrer Liste mit einem großen »A«, die nächstwichtigen mit einem »B« und die restlichen mit einem »C«. Natürlich enthält diese Einteilung Unsicherheitsfaktoren; Ihre Werturteile sind nicht unfehlbar. Doch ein gründlicher Vergleich der einzelnen Punkte wird Ihnen helfen, die ABC-Prioritäten auf Ihrer Liste sinnvoll zu verteilen.

Von den Punkten, die mit »A« markiert sind, haben Sie das meiste zu erwarten. Sie nutzen Ihre Zeit am besten, wenn Sie zunächst die As erledigen und sich erst dann den Bs und Cs zuwenden. Berücksichtigen Sie noch die Tageszeit und die Dringlichkeit der Vorhaben, so können Sie die As weiter in A-1-, A-2-, A-3-, A-4-Punkte aufteilen.

ABC-Prioritäten sind relativ; sie werden durch Ihre Perspektive bestimmt. (Denken Sie daran: *Sie* treffen die Entscheidung.) Eine Aufgabe kann eine A-Aufgabe sein, wenn Sie die Vorteile im Auge haben, die ihre Lösung mit sich bringen wird. Doch auf halbem Wege bleiben Sie stecken; ein Weiterkommen wäre nur mit größter Mühe möglich. Sie geben auf. War es wirklich eine A-Aufgabe? Sie mißtrauen Ihrem Urteil. *Sie* entscheiden über Ihre Prioritäten — und wenn Ihnen der Lauf der Dinge nicht behagt, müssen Sie lernen, sich noch mehr darauf zu konzentrieren, was Ihnen wirklich wichtig scheint.

Bedeutsam sind auch die Relationen, in denen die As, Bs und Cs Ihrer Liste zueinander stehen. Die As sind leicht zu bestimmen, sie kontrastieren mit den weniger wichtigen Bs und Cs. Was bei einem Gemälde die Aufmerksamkeit des Betrachters zuerst erregt, sind »Eye-catcher« wie lebhafte Farben und Einzelheiten im Vordergrund. Ihre A-Punkte sollten die »Aufmerksamkeitserreger« Ihrer Liste sein. ABC-Prioritäten können sich im Lauf der Zeit verschieben. Aus As werden Cs, aus Cs werden As. Sie müssen sich ständig den neuesten Gegebenheiten anpassen.

ABC-Prioritäten variieren gelegentlich auch mit der Zeit, die Sie in ein Vorhaben investieren wollen. Wenn Sie in zwei Stunden den Bericht für Ihren Chef verfassen, ist er wahrscheinlich zufrieden (eine C-Aufgabe); opfern Sie dafür vier Stunden, könnte er beeindruckt sein (aus dem C ist ein B geworden); setzen Sie sich jedoch zehn Stunden hin, um das Thema aber auch in jeder Hinsicht auszuschöpfen, wird er Ihnen gewiß höchste Anerkennung zollen (jetzt haben Sie ein A).

Wenn Sie einige Minuten über Bobbys schlechte Noten nachdenken, kommt Ihnen vielleicht der eine oder andere Gedanke, wie sich seine Leistungen verbessern ließen; doch es wäre Zeitverschwendung, allzu lange nachzugrübeln.

Wenn Sie eine Stunde täglich mit dem Jüngsten spielen, läßt sich dem A-Priorität einräumen; widmen Sie sich jedoch sechs Stunden lang dem Kind (und weder Ihrem Mann noch Ihrem Haushalt), so kann man das bestenfalls als eine B-Beschäftigung bezeichnen; hält Sie aber der Kleine den lieben langen Tag in Trab (so daß weder Sie noch er zu etwas anderem kommen), werten Sie das sicher als ein C.

Es lohnt sich offensichtlich nicht, große Mühe auf ein unbedeutendes Vorhaben zu verwenden. Ein bedeutendes Projekt dagegen kann enorme Anstrengungen rechtfertigen. Nur eine gute Planung ermöglicht Ihnen größte Erfolge bei geringstem Zeitaufwand.

5

Was erwarten Sie wirklich vom Leben?

Welches sind Ihre Lebensziele?

Wie würden Sie die nächsten drei Jahre *am liebsten* zubringen? Wenn Sie wüßten, daß Sie heute in sechs Monaten vom Blitz erschlagen würden — wie würden Sie bis dahin *leben?*

Es mag banal klingen — aber vielleicht haben Sie noch niemals gründlich bei sich Inventur gemacht. Das wertvollste Gut des Menschen ist sein Leben — sind all die Minuten, Stunden, Tage und Jahre seines Daseins. Nur während seiner Lebenszeit kann er die Zeit aufteilen. Wollen Sie über Ihre Zeit verfügen, sollten Sie zunächst Ihre Lebensziele abstecken.

Ich werde keineswegs versäumen, auf die aktuellen Probleme Ihres Alltags einzugehen. Doch zuvor will ich Sie bitten, eine Liste Ihrer Lebensziele aufzustellen. Diese Liste hilft Ihnen, Ihre Ziele klar zu umreißen, motiviert Sie, Ihre Ziele anzusteuern, und ermöglicht Ihnen eine sinnvolle Zeitgestaltung. Sie gibt Ihrem Leben eine Richtung. Sie vermittelt Ihnen das Gefühl, Ihr Schicksal in der Hand zu haben. Und sie liefert Ihnen einen Maßstab, an dem Sie die Bedeutung Ihrer Vorhaben messen können. Sie werden die zahllosen Aspekte Ihres Lebens besser in den Griff bekommen; Ihre Zeitaufteilung bietet immer seltener Konfliktstoff.

Eine Liste der Lebensziele entstammt nicht dem Reich der Magie und setzt keine Ausbildung zum Hellseher voraus.

Im Gegenteil – sie läßt sich recht simpel erstellen. Manchen Leuten ist dabei etwas unbehaglich zumute; sie fühlen sich überfordert, verwirrt. Oder sie meinen, eine solche Liste könnte ihre Entscheidungsfreiheit, ihre Kreativität, ihre Spontaneität und ihre Lebensfreude beeinträchtigen. Das Gegenteil trifft zu: Über 15 000 Menschen haben während meiner Seminare und Konsultationen Listen ihrer Lebensziele aufgestellt, und ich bin überzeugt, daß jeder von ihnen zu klareren Zielvorstellungen gelangt ist. Nur wenige meiner Klienten hatten ihre Lebensziele zuvor schon einmal schriftlich formuliert.

Lassen Sie mich also auch *Sie* fragen: Was sind *Ihre* Lebensziele?

Auf die eine oder andere Weise, ob er sich dessen bewußt wird oder nicht, beschäftigt sich der Mensch fast seit dem Anfang seines Lebens mit den Zielen seines Lebens. Wir alle denken oft darüber nach; doch dieses Nachdenken vermittelt eine andere Erfahrung als eine schriftliche Formulierung unserer Ziele. Ziele, die Sie nicht schwarz auf weiß besitzen, bleiben oft ungewisse Utopien. Die Niederschrift provoziert Sie, Ihre Ziele zu konkretisieren und zu präzisieren; Sie gewinnen zu den Klischeevorstellungen Distanz, die Sie seit Jahren in sich tragen.

Eine neue Perspektive eröffnet sich Ihnen, wenn Sie Ihre altvertrauten Gedanken auf einer Liste wiederfinden; Sie können sie dann eingehender prüfen. Besitzen sie erst eine unabhängige Identität, lassen sie sich genauer untersuchen. Sie lassen sich analysieren, differenzieren, modifizieren, aktualisieren und rationalisieren. Man kann sich besser über sie Gedanken machen.

Wahrscheinlich werden sich auch wichtige Ziele herauskristallisieren, die Sie zuvor nicht ernst genommen oder gar noch nie verbalisiert haben. Das Schreiben zwingt zu größerer Präzision; Ihre Ziele werden genauer markiert, können Sie doch nur einen Bruchteil Ihrer Gedanken zu Papier bringen. Die Auswahl, die Sie beim Schreiben unter Ihren Gedanken treffen, läßt Prioritäten erkennen, von denen Sie überrascht sein mögen.

Wenn Sie noch nie versucht haben, Ihre Lebensziele schriftlich festzuhalten, gibt Ihnen die folgende Übung eine Starthilfe. Führen Sie schon eine Liste, könnte Sie diese Übung veranlassen, Ihre Ziele auf den aktuellsten Stand zu bringen.

Die Frage nach den Lebenszielen

Zu der Übung brauchen Sie mehrere Bogen Papier, ein Schreibgerät, eine Uhr und etwa eine Viertelstunde Zeit. Beginnen Sie die erste Seite mit der Frage: *Was sind meine Lebensziele?*

(Denken Sie daran, daß ein Fünfjähriger diese Frage anders beantwortet als ein Fünfundsechzigjähriger. Konzentrieren Sie sich also auf die Ziele, die Ihrer augenblicklichen Perspektive entsprechen.)

Sie haben zwei Minuten Zeit für Ihre Antworten. Zwangsläufig werden sie sehr generell und abstrakt ausfallen, aber Sie sollten dennoch dazu kommen, persönliche, familiäre, soziale, berufliche, finanzielle, kommunale und spirituelle Ziele zu berücksichtigen. Versuchen Sie, eine möglichst umfassende Liste aufzustellen. Schreiben Sie, soviel Sie in den zwei Minuten schreiben können. In diesem Stadium gehen Sie keinerlei Verpflichtungen ein; notieren Sie also, was immer Ihnen einfällt.

Wollen Sie das Matterhorn besteigen, wilde Orgien feiern, sich mit Käsekuchen stopfen, ein Jahr Urlaub machen, sich in Italien zur Ruhe setzen, eine Jacht chartern, Drillinge adoptieren, vierzig Pfund abtrainieren? Scheuen Sie sich nicht, auch außergewöhnliche Wünsche zu berücksichtigen. Lassen Sie Ihrer Phantasie freien Lauf!

Wenn zwei Minuten um sind, geben Sie sich nochmals zwei Minuten Zeit, um Ihre Antworten zu überprüfen und sie gegebenenfalls zu revidieren. Ihre Aufzeichnungen sollen — soweit das in diesem frühen, allgemeinen Stadium zu erreichen ist — möglichst genau Ihren Vorstellungen entsprechen.

Ihre gegenwärtigen Interessen könnten Hinweise auf weitere Lebensziele geben. Wenn Sie etwa im Bus aufmerksam Bücher lesen, haben Sie vielleicht den heimlichen Wunsch, Ihre Ausbildung zu vervollständigen. Eine regelmäßige Zeitungslektüre legt ein starkes Informations- und Unterhaltungsbedürfnis nahe. Später werden Sie erkennen, ob sich hier wirklich echte Lebensziele abzeichnen.

Die Drei-Jahres-Frage

Wenn Sie Ihre Lebensziele rasch und ohne viel Nachdenken zu Papier bringen, wird Ihre Liste gewiß eine Reihe undifferenzierter Ziele enthalten — etwa »Glück«, »Erfolg«, »Liebe«, »bedeutende Leistung« oder »soziales Engagement«. Sie können Ihre Zielvorstellungen konkretisieren, wenn Sie sich jetzt eine zweite Frage stellen: *Wie würde ich gerne die nächsten drei Jahre verbringen?* (Sind Sie über Dreißig, nehmen Sie statt »drei« »fünf« Jahre.) Versuchen Sie, in zwei Minuten wieder möglichst viele Antworten zu finden, die Sie in weiteren zwei Minuten noch einmal sorgfältig durchgehen.

Die Sechs-Monate-Frage

Eine neue Perspektive gewinnen Sie durch eine dritte Frage: *Wenn ich wüßte, daß mich in sechs Monaten der Blitz erschlägt — wie würde ich dann bis dahin leben?* (Für all das, was Ihnen wichtig erscheint, bliebe Ihnen also nur eine unglaublich kurze Zeit. Gehen Sie davon aus, daß sämtliche Formalitäten im Zusammenhang mit Ihrem Tod [etwa die Niederschrift des Testaments] bereits erledigt sind. Ihre Antworten sollen zeigen, wie Sie sich Ihr *Leben* in diesen letzten Monaten vorstellen.)

Die Frage dient dem Aufspüren von Zielen, die Sie derzeit nicht verfolgen oder denen Sie im nächsten halben Jahr mehr Aufmerksamkeit schenken sollten. Vielleicht würden Sie weiterleben wie bisher; vielleicht würden Sie (wenn Sie Geld hätten) Ihre Stelle aufgeben und noch einmal alles aus Ihrem Leben herausholen. Was würden Sie tun? Antworten Sie in zwei Minuten so ausführlich wie möglich, überprüfen Sie Ihre Notizen in den nächsten zwei Minuten. (Denken Sie nicht zu lange über diese Frage nach — schreiben Sie!)

Wenn Sie bis hierher gelesen haben, ohne Antworten auf die drei Fragen nach Ihren Lebenszielen niederschreiben zu können, bitte ich Sie dringend, zurückzublättern und unbedingt Antworten zu Papier zu bringen. Diese Übung ist wichtig, und sie wird Ihnen ganz bestimmt von Nutzen sein.

Was geht aus den Antworten hervor?

Nun verbringen Sie weitere zwei Minuten damit, die Antworten zu allen drei Fragen noch einmal durchzusehen und letzte Korrekturen anzubringen. Wenn Sie wollen, können Sie sich mehr Zeit lassen.

Als Sie die Antworten zu allen drei Fragen durchsahen, fanden Sie vielleicht, daß Ihre Aufzeichnungen zu Frage 2 die Antworten auf Frage 1 weiterentwickelten — was zu wünschen wäre. Manche sehen auch in ihren Äußerungen zu Frage 3 (der Sechs-Monate-Frage) eine Fortsetzung zu ihren bisherigen Angaben; andere wenden sich jedoch abrupt von ihren ursprünglichen Zielen ab, da ihnen jäh bewußt wird, daß ihre Zeit bemessen ist.

Ich selbst würde wahrscheinlich nicht meine Arbeit aufgeben und um die Welt reisen. Ich würde meine Beratungen so intensiv wie möglich fortsetzen, und ich würde mir gewiß mehr Freizeit gönnen – doch im Grunde würde ich nicht sehr viel ändern, denn ich bin mit dem Leben zufrieden.

Ein anderer könnte sich sagen: »Bei mir wird sich jetzt manches ändern. Ich werde essen, trinken und mich amüsieren, denn in sechs Monaten kann ich das nicht mehr. Ich werde um die Welt reisen, ich werde all mein Geld ausgeben, ich werde alles tun, was ich schon immer tun wollte.« Es gibt keine »richtige« Antwort auf die Sechs-Monate-Frage. Die Entscheidung hat jeder für sich zu treffen.

Wer mit dem Leben zufrieden ist, findet sich nach der Sechs-Monate-Frage bestätigt; er wird weiterleben wie bisher. Wer aber nun sein ganzes Leben umkrempeln möchte, sollte zunächst einmal gründlich Bilanz ziehen und die geplanten Änderungen sorgsam überdenken; übereilte Entschlüsse sind fehl am Platze. Die Sechs-Monate-Frage aktiviert Zielvorstellungen, wie sie eine Inventur des eigenen Lebens zutage fördert. Entscheidend ist: Wenn man seine Zeit klug einteilt, besteht kein triftiger Grund, nicht unverzüglich Vorkehrungen zu treffen, die die Verfolgung der meisten Hauptziele zu gegebener Zeit gewährleisten.

Jetzt haben Sie eine Liste mit gewiß sehr vielen Zielen – wahrscheinlich viel zu vielen Zielen, als daß die Zeit, die Ihnen zur Verfügung steht, auch nur annähernd ausreichte, um sie alle zu verfolgen. Dieser Zeitmangel schafft Zielkonflikte.

Deuten sich auf Ihrer Liste Zielkonflikte an, führt das nicht zwangsläufig zu negativen Folgen. Nehmen wir an, es stehen sich zwei Ziele gegenüber: Sie wollen mehr Zeit der beruflichen Karriere opfern, aber auch mehr Zeit Ihrer Familie widmen. Dieser Konflikt kann Sie beflügeln, Ihre Zeit in beiden Fällen intensiver zu nutzen. Stehen Sie solchen Zielkonflikten aber ratlos gegenüber, dann sollten Sie versuchen, sie zu lösen.

Die Lösung von Zielkonflikten

Zielkonflikte löst man, indem man Prioritäten setzt. Sie müssen entscheiden, welche Ziele für Sie jetzt am wichtigsten sind.

Manche Konflikte scheinen sich selbst zu lösen, wenn sie erst einmal zu Papier gebracht sind. Wenn jemand einem langgehegten Wunsch auf seiner Liste dann doch keine A-Priorität einräumt, dann wußte er in Wirklichkeit wohl immer schon, daß andere Ziele Vorrang hatten. Er wollte es nur nicht wahrhaben.

Andere Konflikte sind erheblich schwieriger zu lösen. Wenn Sie vor der Qual der Wahl zwischen zwei einander entgegengesetzten Zielen stehen, dann denken Sie daran, daß Sie Ihre Prioritäten jederzeit neu formulieren können. Ihre Ziele stehen auf dem Papier — sie sind nicht in Marmor gemeißelt.

Wenn Sie zögern, ein Ziel (etwa Ihre Weiterbildung) höher als ein anderes einzustufen (etwa ein ungestörtes Familienleben), können Sie beide als gleichrangig betrachten. Widmen Sie dann dem einen dieser Ziele mehr Zeit, dürfen Sie dennoch weiterhin deren Gleichrangigkeit behaupten. Selbst wenn sie Gegensätze bilden oder zeitlich unvereinbar sind, brauchen Sie nicht zu resignieren: Sagen Sie sich, daß Sie zwar ein Ziel aufgeben — doch nur für den Augenblick. Nächste Woche oder nächstes Jahr werden Sie das andere verfolgen.

Einen anderen Weg gibt es nicht. Die Herausforderung, das für Sie Wichtige festzulegen, müssen Sie annehmen, indem Sie Prioritäten setzen. Die drei Listen, die Sie schon vorbereitet haben, werden Ihnen beim Aussortieren Hilfestellung leisten.

Wie man im Leben Prioritäten setzt

Nehmen Sie die Liste Ihrer Lebensziele zur Hand und wählen Sie in einer Minute die drei wichtigsten aus. Nennen Sie das wichtigste A-1; dann folgen A-2 und A-3. Verfahren Sie ebenso mit Ihrer Drei-Jahres- und Ihrer Sechs-Monate-Liste.

Nun haben Sie neun Ziele aus den drei Listen ausgesucht. Um aus diesen neun die drei wichtigsten Langzeitziele zu wählen, schreiben Sie diese auf ein neues Blatt Papier unter der Überschrift: »Meine drei wichtigsten Langzeitziele sind:«

Dann schreiben Sie die Ziele in dieser Reihenfolge: A-1, A-2, A-3. Jetzt haben Sie Ihre Lebensziele vorläufig festgelegt. Sie haben genau das ausgedrückt, was Sie im Augenblick vom Leben erhoffen.

Mit meinen einzelnen Klienten verbringe ich viel Zeit, um die Festlegung ihrer Lebensziele gründlich zu bedenken. Manchmal arbeiten wir in einem Zeitraum von zwei Wochen sechs oder sieben Entwürfe aus, bevor wir eine Festlegung treffen, die den wahren Wünschen des Klienten entspricht. Auch für Sie kann es sich lohnen, wenn Sie sich noch öfter über die Festlegung Ihrer Lebensziele Gedanken machen.

Wie ein Fotograf oft wiederholt die gleiche Szene festhält, um den erwünschten Effekt zu erzielen, wird die Festlegung Ihrer Lebensziele von Neuversuchen profitieren. Wiederholen Sie also morgen die »Zielübung« und vergleichen Sie die Ergebnisse. Sie werden nicht genau dieselben Antworten erhalten; neue Ideen werden wahrscheinlich hinzukommen. So arbeitet das menschliche Gehirn.

Da sich Lebensziele nicht auf Lebenszeit festlegen lassen, sollte ihre Festlegung periodisch neu getroffen werden. Ein günstiger Zeitpunkt dafür ist jeweils Ihr Geburtstag. Auch wenn Ihnen letztes Jahr der große Wurf gelungen ist – Sie sind ein Jahr älter geworden und sehen die Dinge anders. Ihre Lebensziele sollten sich ständig weiterentwickeln – wie Sie.

6

Und jetzt geht's los!

Durch die Bestimmung Ihrer Lebensziele haben Sie Ihre Zukunft in die Gegenwart verlegt: Das Idealbild Ihrer Zukunft steht Ihnen jetzt viel deutlicher vor Augen. Das zweite Instrument Ihrer Zeitplanung können Sie dann einsetzen, wenn Sie Ihre Lebensziele festgelegt haben. Dieses Instrument hilft Ihnen, sofort Aktivitäten zu entwickeln, die Sie Ihren Zielen näherbringen.

Um ein Ziel zu erreichen, müssen Sie schrittweise vorgehen. Langzeitplanung und Zielbestimmung sind durch eine Kurzzeitplanung zu ergänzen. Diese Art der Planung bedingt, daß Sie sich auf bestimmte Aktivitäten festlegen. Aktivitäten sind Schritte auf dem Weg zu einem Ziel.

Nehmen wir an, Sie streben nach Sicherheit: Wenn Sie etwas auf der Bank einzahlen oder sich über Investitionen beraten lassen, dann entwickeln Sie Aktivitäten, die Sie Ihrem Ziel näher bringen.

Wenn Ihre Pläne auf lange wie auf kurze Sicht allen Gegebenheiten Rechnung tragen, dann greifen Ziele und Aktivitäten wie Zahnräder ineinander. Die meisten — wenn nicht alle — Aktivitäten Ihrer Kurzzeitpläne werden gleichermaßen dazu beitragen, Ihre Langzeitziele zu verwirklichen.

Wie Sie Aktivitäten ausmachen, die Sie Ihren A-Zielen näher bringen

Wenn Sie Glück, Erfolg oder finanzielle Unabhängigkeit anstreben, lassen sich natürlich zahllose Aktivitäten nennen, die zu diesen Zielen führen können. Nehmen wir einmal an, Sie wollen sich einfach heute abend amüsieren. Gewiß kommen Ihnen dazu auf Anhieb fünfundzwanzig oder fünfzig Ideen – selbst wenn Sie nur unschuldige Vergnügungen in Betracht ziehen. Ähnlich verhält es sich bei jedem Ziel, sei es anspruchsvoll oder trivial.

Um die angemessenen Aktivitäten zur Erreichung Ihrer A-Ziele zu bestimmen, müssen Sie zunächst die möglichen Aktivitäten für jedes A-Ziel notieren und anschließend Prioritäten setzen, die Ihnen die Wahl der im Augenblick sinnvollsten Aktivität erlauben.

Wenn Sie Aktivitäten zu Papier bringen, lassen Sie Ihrer Phantasie völlig freien Lauf. Schreiben Sie rasch so viele Ideen nieder, wie Ihnen einfallen – eine gute Methode, um schöpferische Kräfte zu wecken. Je mehr und je schneller Sie schreiben, desto besser wird Ihre Phantasie stimuliert. Ihre Einfälle sprudeln Ihnen förmlich zu, ohne sich erst mühsam durch die Kanäle Ihres Verstandes zu wälzen. Auch wird Ihnen der Zwang, Aktivitäten schriftlich zu formulieren, neue Einsichten vermitteln. Dank der Schnelligkeit überrennen Sie die Wenn und Aber, die sich sonst immer so unüberwindlich vor Ihnen aufbauen. Wichtig ist, daß Sie mit Schreiben nicht aufhören. Wenn Sie am Bleistift oder am Kugelschreiber herumnagen, vergeuden Sie Ihre Zeit.

Erteilen Sie den Aktivitäten keine Vorzensuren. Diese Liste ist nur Ihre Liste und dient Ihrem ganz persönlichen Interesse. Was auch immer Sie verbergen, verbergen Sie vor sich selbst. Werten Sie die Aktivitäten keinesfalls als »gut«, »schlecht« oder »frivol« – jedenfalls nicht in diesem Stadium. Wir werden später die Spreu vom Weizen trennen.

Lassen Sie sich auch nicht von dem Gedanken hemmen, die eine oder andere Aktivität könnte Sie überfordern. Eine gründliche Analyse fördert bisweilen ungeahnte Möglichkeiten zutage. Stellen Sie Ihr Urteil zurück — Sie werden es noch brauchen. Keine Sorge: Eine Aktivität, die auf dem Papier steht, zwingt Sie noch lange nicht zum Handeln. Von Zwang kann keine Rede sein. Wenn Sie Prioritäten setzen, können Sie immer noch beschließen, daß manche Aktivitäten den damit verbundenen Aufwand in keiner Weise rechtfertigen. Ebenso mögen unerfüllbar scheinende Träume in irgendeiner Zukunft plötzlich reale Relevanz gewinnen.

Wenn Ihnen keine Aktivitäten mehr einfallen, können Sie eine vorausgegangene Eintragung rekapitulieren. Bemühen Sie sich um Variationen, Reaktionen, Zusätze, Folgerungen, Details, neue Perspektiven. Sie sollen schreiben, schreiben, schreiben!

Nehmen wir an, Sie wollen sich als Alpinist hervortun. Führen Sie alle Berge auf, die Sie besteigen könnten — auch die beiden Gipfel, von denen Sie kaum zu träumen wagen: das Matterhorn und den Mount Everest. Vielleicht interessieren Sie nur die Alpen? Oder die Anden? Oder der Himalaya? Aktivitäten lassen sich in Kategorien, Unter-Kategorien und Unter-Unter-Kategorien aufteilen; Sie können davon profitieren. Wichtig ist: schreiben, schreiben, schreiben!

Nehmen wir an, ein Großhändler will den XYZ-Markt aufkaufen. Um dieses Ziel zu erreichen, muß er sein Produkt in immer größeren Mengen absetzen. Seine Lösung: Er schafft Kontakte zu mehr Einzelhändlern, die seine XYZ-Artikel abnehmen.

Ich habe Sie dazu ermutigt, spontan und ohne Zögern möglichst viele Aktivitäten zu Papier zu bringen. Machen Sie aber nicht den Fehler, Ziele mit Aktivitäten zu verwechseln. Erinnern Sie sich: Aktivitäten sind Schritte auf dem Weg zu einem Ziel. Ihr Ziel mag ein gesünderes Leben sein. Wenn Sie heute abend weniger essen, dreimal in der Woche turnen und vierundzwanzig Stunden keine Zigarette anrühren, so handelt es sich dabei um Aktivitäten, die Sie Ihrem Ziel näher bringen.

Jetzt können Sie Ihre Liste machen. Nehmen Sie drei neue Blätter; wählen Sie als Überschrift jeweils eines der bereits bestimmten A-Ziele. Es gilt ausführbare Aktivitäten zu ermitteln, die zu Ihren Zielen führen. Stellen Sie in drei Minuten eine möglichst lange Liste von Aktivitäten auf, die einen direkten Bezug zu Ihrem ersten A-Ziel erkennen lassen (denken Sie immer daran, was ich über das Listenschreiben gesagt habe). Dann nehmen Sie sich jeweils drei Minuten Zeit, Aktivitäten für das zweite und das dritte A-Ziel zu Papier zu bringen. Gehen Sie die drei Aktivitätenlisten nochmals durch und widmen Sie jeder Liste mindestens drei Minuten; erweitern Sie, streichen Sie, präzisieren Sie, ersinnen Sie neue Aktivitäten. Ihre Liste kann nie umfangreich genug sein.

Nehmen wir an, ein Student will Baseball-Profi werden. Die Profi-Karriere ist eines seiner A-Ziele; ein weiteres A-Ziel ist das erfolgreiche Studium. Kurzfristiger hat er sich noch ein drittes A-Ziel gesteckt: Er möchte erster Werfer seiner Universitätsmannschaft werden. Das letzte Ziel liegt ihm am nächsten. Um es zu erreichen, wird er den Winter über trainieren; er wird täglich eine Meile laufen und dreimal in der Woche in der Sporthalle werfen, damit er im Frühjahr in Form ist. Er darf aber auch sein Studium nicht vernachlässigen. Die Vorbereitung auf eine wichtige Prüfung in dieser Woche wertet er als A-2-Aktivität. Sein letzter Einsatz bei einem kommenden Meisterschaftsspiel gilt ihm natürlich als A-1-Aktivität, die ihn seinem A-1-Ziel näher bringt, ein Baseballstar zu werden.

Ein klassisches Beispiel bietet die verheiratete Frau, die ins Berufsleben zurück will. Ihre drei Kinder gehen zur Schule, sie hat wieder mehr Zeit. Vor ihrer Ehe hatte sie als Krankenschwester gearbeitet. Um ihr A-1-Ziel zu erreichen —

die Rückkehr in den Beruf –, muß sie zuvor eine Anzahl von A-Aktivitäten hinter sich bringen: Sie muß in Kursen ihre Kenntnisse auffrischen, sie muß sich bei Krankenschwestern über neueste Entwicklungen erkundigen, sie muß prüfen, ob sie alle gegenwärtigen Erfordernisse erfüllt, sie muß die Arbeitsmöglichkeiten testen und gegebenenfalls ihren Zeitplan darauf abstimmen.

Ein weiteres gutes Beispiel: Jemand beendet gerade sein Studium. Zu seinen A-Zielen zählen ein glückliches Leben und ein gutes Gehalt. Doch zunächst will er erfolgreich ins Berufsleben starten; also muß er eine Stellung suchen. Zu seinen A-Aktivitäten zählt nun, daß er sich über die Lage auf dem Arbeitsmarkt orientiert, mit Vertretern verschiedener Berufszweige redet und entsprechende Resümees zieht, Briefe schreibt, vorläufige Entscheidungen trifft und Vorstellungsgespräche plant und führt.

Einer meiner Klienten hatte das Gefühl, unendlich viel Zeit zu verschwenden. Er sagte: »Mein Beruf macht mich noch krank. Ich bin Versicherungsagent, doch ich sehne mich nach einem Public-Relations-Job. In jeder Kaffeepause denke ich daran, und in jeder Mittagspause hänge ich mich ans Telefon und erzähle allen Leuten, was ich suche.«

Es stellte sich heraus, daß er im letzten Monat mit fünf Leuten gesprochen hatte – mit denselben wie in dem Monat zuvor. So kam er seinem Ziel nicht näher. Um in einem derart vom Wettbewerb geprägten Berufszweig wie Public Relations einen neuen Job zu ergattern, hätte er sich im Monat mindestens mit fünfzig Leuten in Verbindung setzen sollen; er hätte ständig neue Kontakte suchen müssen, wenn ihm die alten nicht mehr weiterhalfen. Dies wäre die A-Aktivität gewesen, die seiner Situation entsprochen hätte.

Werfen Sie Ballast ab!

Wenn Sie gewissenhaft zahlreiche potentielle A-Aktivitäten notiert haben, müßten Sie jetzt feststellen, daß Ihre Zeit für all diese Aktivitäten gar nicht ausreicht. Nun gilt es, Prioritäten zu setzen und den Bezug von der Theorie zur Praxis herzustellen. Zunächst sollten Sie weniger wichtige Aktivitäten ausmachen und eliminieren.

Fragen Sie sich bei jeder Aktivität auf jeder Liste: *Muß ich in den nächsten sieben Tagen mindestens fünf Minuten (oder weniger, wenn sich die Angelegenheit in so kurzer Zeit regeln läßt) für diese Aktivität opfern?* Lautet Ihre Antwort »Nein«, streichen Sie die Aktivität durch.

Es bedarf keiner wohlerwogenen Gründe, um eine Aktivität zu eliminieren. Vielleicht haben Sie einfach keine Lust. Der Erfolg mag von jemandem abhängen, der gerade keine Zeit hat. Das Problem kann für Sie unlösbar sein. Sie könnten im Augenblick zu viele andere Verpflichtungen haben. Lassen Sie nur die Aktivitäten übrig, denen Sie in den nächsten sieben Tagen unbedingt fünf Minuten widmen müssen.

Wenn Ihre Liste fast nur noch aus Strichen besteht, dann beginnen Sie noch mal von vorne: Wählen Sie in aller Ruhe mindestens vier wichtige Aufgaben, mit denen Sie sich in der nächsten Woche befassen wollen.

Auch umfangreiche oder wesentliche Aufgaben (wie eine Stellungssuche) können Sie unbesorgt von Ihrer Liste streichen. Wenn Sie im Augenblick etwas anderes vorhaben, ziehen Sie einfach einen Strich; dann herrschen klare Verhältnisse. Nächste Woche haben Sie Gelegenheit, Ihre Aktivitäten neu zu überdenken.

Nachdem Sie alle drei Aktivitätenlisten Ihrer A-Ziele ausgeforstet haben, können Sie die Ergebnisse auf einer Liste zusammenfassen. Diese Liste mag dann etwa ein Dutzend wichtige Aktivitäten verzeichnen, mit denen Sie sich in der nächsten Woche vordringlich beschäftigen wollen. Der nächste Schritt besteht darin, daß Sie Prioritäten setzen. Bezeichnen Sie die wichtigste Aktivität als Ihr A-1, mit dem Sie Ihre Zeit optimal nutzen. Entsprechend ordnen Sie die anderen A-Aktivitäten hintereinander: A-2, A-3, A-4 und so weiter. Verteilen Sie die Aktivitäten auf die nächsten sieben Tage und beachten Sie dabei Ihre Prioritäten. Wenn Sie dreimal die Abendschule besuchen, bleiben Ihnen nur zwei Wochentage, an denen Sie abends ausgehen können. An welchem Tag gehen Sie nun essen? Und wenn Sie *»Krieg und Frieden«* lesen wollen — wann werden Sie damit beginnen? Vielleicht im Zug, der Sie zur Arbeit bringt? Notieren Sie solche Entscheidungen auf Ihrer Liste.

Wählen Sie eine A-Aktivität — ergreifen Sie die Initiative!

Wie können Sie sich Ihren Lebenszielen nähern? Jeder Tag bietet eine neue Gelegenheit. Wählen Sie zumindest eine A-Aktivität und machen Sie sich sofort an die Arbeit. Schon haben Sie die Initiative zu einem Aktionsprogramm ergriffen, mit dem Sie Ihre Lebensziele erreichen können.

Wählen Sie zu Beginn eine möglichst leichte und zeitsparende Aufgabe. Fühlen Sie sich durch Ihre A-Aktivität überfordert, so teilen Sie die Aufgabe in überschaubare Abschnitte auf und beginnen Sie mit dem einfachsten, dem unproblematischsten oder dem attraktivsten Teil.

Haben Sie diese eine Aufgabe ausgewählt und klar umrissen, liegt die Priorität des Tages fest. Von etwa sechzehn Stunden, die Sie täglich wach sind, können Sie ein paar Minuten opfern, um nach einem Lebensziel zu streben.

Das Kapitel über die Lebensziele und dieses Kapitel sind von fundamentaler Bedeutung für die Kontrolle über die eigene Zeit. Hier noch einmal ihre wesentlichen Punkte:

1. Notieren Sie potentielle Langzeitziele. 2. Setzen Sie Prioritäten für den Augenblick und bestimmen Sie A-Ziele. 3. Notieren Sie potentielle Aktivitäten für Ihre A-Ziele. 4. Setzen Sie Prioritäten und bestimmen Sie A-Aktivitäten für den Augenblick. 5. Planen Sie die A-Aktivitäten. 6. Führen Sie die geplanten A-Aktivitäten aus.

7

Planen löst Probleme

Wenn Sie sich ohnedies schon überfordert fühlten, mag sich dieses Gefühl jetzt noch verstärkt haben — denn die A-Aktivitäten für den Augenblick sind zu all Ihren bisherigen Tätigkeiten hinzugetreten. Vermutlich wollten Sie Ihre früheren Aufgaben weiterhin wahrnehmen (Geschirr spülen, zur Arbeit gehen, einkaufen), und jetzt soll noch mehr dazukommen (die A-Aktivitäten, die Sie im letzten Kapitel bestimmt haben).

Dieses Dilemma läßt sich lösen, wenn Sie Ihre Lebensziele einige Minuten in den Hintergrund stellen und am anderen Ende der Zeitskala beginnen. *Was müssen Sie heute tun?*

Sie müssen essen, trinken, schlafen — Sie müssen mehr oder weniger Zeit investieren, um Ihre physischen und psychischen Funktionen aufrechtzuerhalten. Wenn Sie kein Vermögen besitzen und von niemandem unterstützt werden, müssen Sie arbeiten, um leben zu können. Vor der Arbeit müssen Sie sich waschen, anziehen, zur Arbeit fahren — das alles ist notwendig, das alles kostet Zeit.

Zeit brauchen Sie auch für Routinetätigkeiten: Sie stehen morgens auf, Sie lesen die Zeitung, Sie öffnen die Post, Sie beteiligen sich regelmäßig an Besprechungen, Sie halten Ihren Arbeitsplatz in Ordnung, Sie spülen Geschirr, Sie bringen die Kinder zur Schule. Ihre Routineaufgaben richten sich nach Ihrer beruflichen Position, nach familiären Bindungen, öffentlichen Verantwortlichkeiten, sozialen Verpflichtungen und ähnlichen Gegebenheiten.

Essen, schlafen, all Ihre Routinetätigkeiten sind feste Bestandteile Ihres Alltags, über die Sie sich im allgemeinen kaum Gedanken machen — und doch beanspruchen sie einen erheblichen Teil Ihrer Zeit. Sie können sogar Ihr Leben bestimmen.

Eine Sekretärin sollte besondere Aufgaben übernehmen, von denen sie sich viel versprach. Nun beklagte sie sich bei mir, daß sie nie Zeit dafür fände. Nach unserer Unterredung erkannte sie das Übel: Sie erfüllte den ganzen Tag Routineaufgaben, wie sie es seit ihrer Einstellung gewohnt war; sie bediente das Telefon, nahm Diktate auf, ordnete die Ablage, führte Besucher ins Büro, gab Auskünfte, kümmerte sich um das Büromaterial. Die Routinearbeit belastete sie derart, daß sie ihre interessanten neuen Aufgaben nie in Angriff nehmen konnte. Ähnlich ergeht es oft Hausfrauen.

Denken Sie einmal darüber nach: Möglicherweise tun Sie alles, was Sie können, arbeiten hart und gewissenhaft, nur um Routineaufgaben zu bewältigen — wenn Sie nichts dagegen unternehmen.

Die Aufgaben von heute knüpfen häufig an die Aufgaben von gestern an; stets stehen Sie inmitten ablaufender Prozesse. Sie betreffen Aktivitäten, die Ihrer üblichen Planung entsprechen, aber auch Aufgaben, für die besondere Bedingungen gelten.

Ein Schriftsteller, der mit seinem ersten Buch Bestsellerruhm erwarb, wurde im Jahr danach mit Einladungen überschüttet. Obwohl er sich danach sehnte, einen freien Tag mit seiner Familie zu verbringen oder ein neues Buch vorzubereiten, war er Monate im voraus für Reden, Vorträge und Fernsehauftritte verpflichtet. Nie hatte er Gelegenheit, sich auszuschlafen, zu Hause zu bleiben oder auch nur in Ruhe ein Buch zu lesen. Vielleicht können auch Sie sich kaum vor Verpflichtungen retten, die Sie schon vor langer Zeit eingegangen sind.

Auch unerwartete Unterbrechungen und Krisen verschlingen Zeit. Sie treten morgens aus dem Haus und stellen fest, daß die Scheinwerfer Ihres Autos die ganze Nacht gebrannt haben und die Batterie leer ist. Eigentlich wollten Sie eine Viertelstunde eher im Büro sein — nun kommen Sie zwei Stunden zu spät. Mr. Jones hat inzwischen fünfmal angerufen, weil er noch nicht beliefert worden ist, und Sie haben alle Hände voll zu tun, um das Versäumte nachzuholen.

Die Anforderungen des Alltags mit all seinen Unterbrechungen und Krisen können jede Hoffnung zerstören, sich auch nur ein paar Minuten lang auf ein Lebensziel zu konzentrieren. Doch sie *müssen* diese Hoffnung nicht zerstören. Entscheidend ist Ihre Einstellung zu unabwendbaren Zeitverlusten; entscheidend ist, ob Sie gerüstet sind, Zeit für Ihre Interessen zu gewinnen. Ich kenne keine andere Methode: Wollen Sie Ihre Lebensziele ernsthaft anstreben, müssen Sie Tag für Tag Ihre Zeit planen.

Planen — auch eine Zeitfrage?

Auch wenn Sie noch so viel zu tun haben — nehmen Sie sich immer Zeit zum Planen. Je weniger Zeit Sie entbehren können, desto wichtiger ist es, Ihre Zeit optimal einzuteilen. Planen Sie jeden Tag nur zehn Minuten, morgens oder abends, und Ihr Zeitgewinn wird diesen Einsatz reichlich lohnen.

Manchmal werden Sie glauben, Ihre Zeit würde wirklich nicht mehr zum Planen reichen. Vielleicht haben Sie dann tatsächlich keine Zeit, zu planen *und* absolut alles zu erledigen, was Sie sich vorgenommen haben. Doch bedenken Sie: Wenn Sie nicht planen, gewinnen Sie — wenn überhaupt — sehr wenig Zeit; und es wird Ihnen kaum gelingen, Ihre ABC-Prioritäten zu beachten. Selbst wenn Sie sich auf Ihre As beschränken, können Sie längst nicht sicher sein, daß Sie sich mit Ihren wichtigsten As abgeben. Auch wenn Sie deshalb glauben, Sie könnten in Streßsituationen niemals planen: Sie fahren immer besser, wenn Sie sich Zeit nehmen und *trotzdem* planen. Ja, genau das meine ich: Weil uns Zeit zum Planen fehlt, sollten wir uns Zeit zum Planen nehmen.

Am besten planen Sie gleich morgens oder abends nach der Arbeit. Morgens sind Sie noch frisch; mit dem Planen erwacht Ihre Triebkraft. Wenn Sie jetzt darüber nachdenken, was Sie zu tun haben, fällt Ihnen anschließend die Arbeit leichter. Wenn Sie die Prioritäten des Tages klar vor Augen haben, verlieren Sie nicht so schnell die Orientierung.

Wenn Sie abends planen, sind die Erfahrungen des Tages noch lebendig; sie helfen Ihnen, kommende Aktivitäten zu bestimmen. Wachen Sie dann morgens auf, bleiben Ihnen zeitraubende Überlegungen erspart. Während Sie schlafen, mögen Sie zudem unbewußt Ideen entwickeln, die Sie bei Ihrer Arbeit dann verwerten können.

Ob Sie morgens planen, ob Sie abends planen — beides bietet große Vorteile. Warum sollten Sie nicht all diese Vorteile nutzen? Planen Sie morgens *und* abends.

Haben Sie dafür genügend Zeit? Ich bat schon eine Reihe von Klienten, genau darauf zu achten, wieviel Zeit sie während der Woche für verschiedene Aktivitäten brauchten. Diese Klienten setzten sich alle sehr ernsthaft mit ihrer Zeit und deren Planung auseinander. Die Bedeutung einer guten Planung stand für sie außer Frage, und sie waren allesamt bereit, die nötige Zeit dafür zu opfern. Die nötige Zeit: Das waren für sie — so stellten sie fest — nicht einmal vier Stunden in der Woche. Auch sorgfältiges Planen kostet kaum Zeit (weit weniger als eine Stunde täglich) und führt doch zu entscheidenden Ergebnissen: Sie erfüllen mehr A-1-Aufgaben und lassen sich seltener aus dem Konzept bringen. Eine bedachte Planung fördert die Konzentration auf das Wesentliche.

Ich kenne manchen Geschäftsführer, der sein Büro nicht verläßt, ehe der Plan für den nächsten Tag auf seinem Schreibtisch liegt. Zusätzlich könnte man am nächsten Morgen eine Viertelstunde eher kommen und den Plan noch einmal durchgehen. (Kommt es tagsüber zu Unterbrechungen oder Krisen, muß der Plan immer wieder den jeweiligen Umständen angepaßt werden.) Ich selbst plane fast ausschließlich frühmorgens. Und ich schaffe es einfach nicht, mehr als dreieinhalb Stunden in der Woche dafür aufzuwenden. Ich wache gegen fünf Uhr auf, wenn alle anderen noch schlafen, und ich nutze die Ruhe für meine wichtigste Aktivität — ich plane.

Jeden Morgen nehme ich die Liste meiner Lebensziele zur Hand und wähle bestimmte A-Aktivitäten, die mich heute diesen Lebenszielen näher bringen können. Die Zeit, die dann noch vor dem Frühstück bleibt, verbringe ich mit einer A-Aktivität. Die Arbeit an diesem Buch gehört zu diesen Aktivitäten; meistens habe ich daran geschrieben, bevor meine Familie aufstand.

Der Freitagnachmittag erscheint mir am besten geeignet, um einen Überblick über die letzte Woche zu gewinnen und die kommende Woche im allgemeinen, den Montag aber im Detail zu planen. Am Montagmorgen können Sie den Wochenplan präzisieren; dann verfügen Sie über die denkbar besten Startbedingungen zur Erreichung der A-Ziele dieser Woche.

Wie Sie A-Zeit gewinnen

Mitentscheidend bei der Planung ist eine sorgfältige Zeiteinteilung. Das bedeutet aber nicht nur, daß Sie all Ihre Verpflichtungen auf die verfügbaren Stunden zu verteilen haben; es bedeutet auch, daß Sie Zeit gewinnen sollen für die Dinge, zu denen Sie sich hingezogen fühlen — ihre As.

Wenn Sie einen Zeitplan für die Woche aufstellen,

kommt es darauf an, Zeit für zeitraubende As zu reservieren. Richten Sie großzügig Zeiteinheiten ein, die Ihnen erlauben, Ihre Triebkraft voll zu entwickeln. Behalten Sie größere Projekte bestimmten Tagen vor. Selbst wenn der Tag durch Störungen zerstückelt wird, können Sie immer noch versuchen, Zeit für Ihre wichtigen As zu retten.

Um mehr Zeit für As zu gewinnen, richten Sie sich für jeden Tag eine bestimmte A-Zeit ein und verdrängen Sie so lange eisern alle Cs. Wenn Sie eine A-Zeiteinheit schaffen wollen, beginnen Sie bescheiden und reservieren Sie etwa fünfzehn Minuten täglich für Ihre A-Themen. Sie können diese A-Zeit dann allmählich ausdehnen, während Ihnen immer deutlicher bewußt wird, daß Ihren ersten Zielen auch die erste Stelle in Ihrem Leben gebührt.

Versuchen Sie, Ihre A-Zeit täglich auf die gleichen Stunden zu legen — etwa montags bis freitags von 9.30 Uhr bis 10.30 Uhr. Sie können auch nur einen Nachmittag (beispielsweise mittwochs 14 Uhr bis 16 Uhr) als A-Zeit für das A-Projekt der Woche reservieren.

Eine Frau konnte nie nein sagen, wenn sie und ihr Mann eingeladen wurden; das störte ihren Mann, der öfter mit ihr allein sein wollte. So ging er ihren Terminkalender durch und merkte jeden Dienstagabend vor. Als sie an diesem Tag eingeladen wurde, belehrte sie ein Blick auf den Kalender, daß sie bereits etwas vorhatte. So gewann ihr Mann A-Zeit, die er allein mit ihr verbringen konnte.

Ich kenne Artikel über das Management, nach denen man seine Zeit durch detaillierte Aufzeichnungen über all seine Aktivitäten in den Griff bekommt; jede Minute gilt es zu registrieren, vierundzwanzig Stunden am Tag, einhundertachtundsechzig Stunden in der Woche. Diese Methode erscheint mir suspekt. Sie kostet nicht nur Zeit und Mühe, sondern ist meiner Meinung nach auch reine Zeitverschwendung. Nehmen wir einmal an, Sie wollen Ihre Ernährung umstellen. Sie wissen bereits, daß Sie weniger Braten essen dürfen und

Protein und frisches Gemüse bevorzugen sollen. Es wäre Zeitverschwendung, zunächst einmal jeden Bissen zu analysieren, bevor Sie eine Umstellung vornehmen. Notieren Sie sich jedoch täglich, wieviel Braten und wieviel Gemüse Sie verzehren, kann Ihnen das helfen, Ihre Ernährung auszugleichen. Sofort fühlen Sie sich wohler; die Mühe bleibt Ihnen erspart, wochenlang jeden Bissen zu registrieren. Analog verhält es sich mit der Zeit. Ich halte es für sehr viel vorteilhafter, wenn Sie Ihre Zeit selektiv unter die Lupe nehmen und Ihr Augenmerk besonders auf bestimmte Zeitprobleme richten.

Ich kenne Leute, die versucht haben, all ihre Tätigkeiten detailliert zu registrieren; sie alle gaben schon nach kurzer Zeit verzweifelt auf, ohne nennenswerte Resultate erzielt zu haben. Aufzeichnungen, die zum Selbstzweck werden, sind von sehr geringem Wert; äußerst wertvoll erscheinen mir dagegen selektive Aufzeichnungen, die bestimmte Aufgaben lösen helfen.

Brauchen Sie eine Zeitveränderung?

Wie Ihre Ernährung können Sie auch Ihre Zeit anders gestalten. Besteht Ihr Leben nur aus Arbeit, kommen Sie und Ihre Familie dabei zu kurz? Gehen Sie nach Hause, wenn die anderen auch gehen, geben Sie Ihre ständigen Überstunden auf, reservieren Sie die Wochenenden für Ihre Familie!

Sie spielen dauernd Golf und vernachlässigen Ihre öffentlichen Aufgaben? Eine exakte Analyse Ihrer Zeitgestaltung erscheint überflüssig, um zu der Erkenntnis zu gelangen, daß Sie Ihr Golfspiel einschränken sollten. Die Hausarbeit wächst Ihnen über den Kopf, Ihre kreativen Kräfte verkümmern? Rühren Sie zwei Tage lang kein Staubtuch an!

Sie sollen Ihre Zeit nicht penibel registrieren, sondern sinnvoll planen; denn eine überlegte Zeitplanung bringt erheblichen Zeitgewinn. Denken Sie daran: *Für die wichtigen*

Dinge haben Sie immer Zeit. Es gibt Menschen, die mit Arbeit überhäuft sind und dennoch Zeit für ihre eigenen Interessen finden — nicht weil ihre Uhren anders gehen, sondern weil sie durch sorgsame Planung größeren Gewinn aus ihrer Zeit ziehen. Das Bemühen, jede der täglich wiederkehrenden Verrichtungen stets zur gleichen Stunde zu erledigen, erhält und erzeugt Energien. Energie bleibt erhalten, weil sie kaum durch Unentschlossenheit gefährdet wird. Anspruchslose Aufgaben erledigen Sie fast mechanisch – Sie sind darauf eingestellt, zu telefonieren, zu kochen, zu lesen, eine Versammlung zu besuchen; und das stets zur gleichen Zeit.

Es gibt zwei Arten von Primärzeit

Eine große Rolle bei der Planung spielt auch die *Primärzeit.* Ihre *interne Primärzeit* ist die Zeit, zu der Sie am besten arbeiten — morgens, nachmittags oder abends. Ihre *externe Primärzeit* ist die beste Zeit für die Kontakte zu den Menschen Ihrer Umgebung — am Arbeitsplatz, in der Öffentlichkeit, zu Hause.

Während Ihrer internen Primärzeit können Sie sich am besten konzentrieren. Ich kenne Frühaufsteher, denen nach dem Frühstück nichts mehr einfällt, und Nachtmenschen, die erst zwischen 22 Uhr und Mitternacht auf Touren kommen. Wann kommen Ihnen die besten Gedanken? Zwischen 10 und 12 Uhr? Zwischen 16 und 18 Uhr? Die Zeit, die Sie angeben, ist wahrscheinlich Ihre interne Primärzeit; Sie sollten jedoch in den nächsten vierzehn Tagen nachprüfen, ob Ihre Konzentration während dieser Stunden wirklich optimal ist.

Versuchen Sie, all Ihre interne Primärzeit für primäre Aufgaben zu reservieren.

Die meisten Geschäftsleute geben die ersten beiden Arbeitsstunden als ihre interne Primärzeit an — die Zeit, zu der sie in der Regel Zeitung lesen, die Post überfliegen, auf gestrige Anrufe antworten und mit Kollegen plaudern. Dafür ist die interne Primärzeit eigentlich zu schade.

Eine Hausfrau packte immer dann die Arbeitswut, wenn ihr Mann und ihre Kinder aus dem Haus waren. Sie stellte das ganze Haus auf den Kopf, machte Betten, spülte Geschirr, kümmerte sich um die Wäsche, las Spielzeug auf und war um 11 Uhr mit der Arbeit fertig. Dann aber konnte sie nicht mehr; sie raffte sich erst um 14.30 Uhr wieder auf, wenn sie die Kinder von der Schule abholen mußte. Sie hatte die besten Absichten: Sie hoffte, nach der Hausarbeit viel Zeit zu haben, um Kerzen herzustellen (was sie befriedigte und zudem Geld einbrachte). Doch nach der Hausarbeit war sie viel zu müde. Da gegen 11 Uhr alles aufgeräumt war, zögerte sie auch, überall ihre Utensilien zu verstreuen. Sie kam zu dem Schluß, daß ihr einfach keine Zeit blieb, um Kerzen herzustellen. Als Außenseiter erkannte ich sofort, daß sie einen elementaren Planungsfehler beging. Sie gewann zwei Stunden Primärzeit für die Kerzenherstellung, als sie einfach ihre Hausarbeit verlegte.

Ein Chemiker blätterte nachmittags Fachzeitschriften nach neuen Forschungsergebnissen und anderen Neuerungen auf seinem Gebiet durch und füllte Formulare aus. Er machte den gleichen Fehler — nur umgekehrt. Er war ein Spätstarter und kam erst nach dem Essen richtig in Schwung. Als er sich von dem Routineballast am Morgen befreite, konnte er den ganzen Nachmittag kreativ arbeiten.

Externe Primärzeit ist die Zeit für externe Kontakte — Entscheidungen werden getroffen, Fragen werden geklärt, Informationen werden ausgetauscht. Zu dieser Zeit können Sie eine wichtige Entscheidung Ihres Chefs herbeiführen, bevor er eine Woche auf Geschäftsreise geht. Handelsvertreter wissen, daß ihre externe Primärzeit von 9 bis 17 Uhr dauert — zu dieser Zeit sind ihre Kunden erreichbar. Routinearbeiten verlegen sie daher auf Stunden außerhalb ihrer Primärzeit.

Vergewissern Sie sich im voraus, daß die Leute auch erreichbar sind, die Sie erreichen wollen. Eine Hausfrau muß

Termine mit dem Arzt, dem Zahnarzt und dem Friseur vereinbaren. Sie kennt die Öffnungszeiten der Geschäfte. Sie weiß, wann sie ihre und andere Kinder zur Schule bringen muß.

Wenn ein Geschäftsführer telefonieren will, dann vergewissert er sich, daß sein Gesprächspartner auch erreichbar ist. Er muß wissen, wann er eine Besprechung mit seinen Mitarbeitern anberaumen kann — und er sollte diese Zeit überlegt nutzen.

Die meisten Menschen können sich schlecht in die Lage anderer versetzen — es fällt ihnen auch schwer, deren Zeiteinteilung nachzuvollziehen. Dennoch sollten Sie das ernsthaft versuchen; es lohnt sich. Ein Geschäftsführer aus meiner Bekanntschaft verbringt oft einen großen Teil der Mittagspause bei seinem Chef, der während dieser Zeit selten ausgeht. Ungestört verzehren sie ein Sandwich im Büro, denn alle anderen sind beim Essen.

Noch eine günstige Zeit, um den Chef anzusprechen, könnte der Augenblick sein, in dem er gerade zur Tür hereingekommen ist und eben Hut und Mantel ablegt; denn bald wird er eine Menge anderer Dinge zu erledigen haben.

Bleiben Sie beweglich!

Sie müssen flexibel sein, um sich jeder Situation anzupassen. Wenn Sie schon im voraus jede Minute mit Verabredungen füllen, werden Sie in kurzer Zeit zum Nervenbündel.

Auch unerwartete Ereignisse verschlingen Zeit. Selbst wenn Ihr Zeitplan keine hohen Anforderungen stellt, können die Post, das Telefon oder Besucher unvermutet eine zeitliche Überlastung herbeiführen. Die Erfahrung wird Sie lehren, daß immer wieder zeitraubende Unterbrechungen eintreten werden. Sie brauchen einen gewissen zeitlichen Spielraum, um allen unerwarteten Ereignissen Ihres Arbeitstages zu begegnen.

Halten Sie sich jedoch mindestens eine Stunde täglich frei. Lassen Sie sich Zeit, um sich von einem anstrengenden Gespräch zu erholen, und denken Sie daran, daß Sie auch Ihre Post durchgehen und Schreibarbeiten erledigen müssen. Versuchen Sie, zwingende Verpflichtungen so früh wie möglich zu erfüllen, damit Sie nicht bei jeder Störung an die Decke gehen.

Wenn Sie sich starr nach starren Plänen richten, werden Sie zum Sklaven Ihrer Zeit: und das steigert Ihre Lebensfreude keineswegs. Eine ausgewogene Planung, die Ihnen reichlich Spielraum läßt, kann zu einem angenehmeren Dasein beitragen und die Gefahr von Krisen mindern.

8

Wie man neue Zeitquellen erschließt

Viele »Pyramidenkletterer« opfern ihr Familienleben und ihre persönlichen Bedürfnisse ihrer beruflichen Karriere. Bei andern geht der Leistungswahn so weit, daß sie sich jeder Handbewegung schämen, die sich nicht als Arbeit deuten läßt. Schauergeschichten berichten von Arbeitstieren, die ihre Familie kaum noch kennen, mit Herzbeschwerden ringen und mit Geschwüren enden. Eine vor Jahren durchgeführte Untersuchung über den beruflichen Erfolg leitender Angestellter läßt den Schluß zu, daß viele, die versagen, ihr Privatleben ihrem Beruf geopfert haben.

An zahlreichen Klienten habe ich es beobachtet: Wer in eine Tretmühle geraten ist, verliert leicht den Blick fürs Wesentliche. Er verschwendet Zeit für zweitrangige Angelegenheiten und läßt wichtige Aufgaben links liegen. Oft kumulieren seine Fehlleistungen. Je mehr Zeitreserven er mobilisiert, desto erschöpfter — und leistungsunfähiger — wird er. Dabei sollte er nicht die Zeit überziehen, sondern innerhalb des vorgesehenen Rahmens effektiver arbeiten.

Ich erinnere mich eines Architekten, der zuviel arbeitete und zuwenig Freizeit kannte. Erst vor kurzem hatte er sich von einem Geschwür erholt, und jetzt schuftete er schon wieder sechzig Stunden in der Woche. Er klagte, daß er nie Zeit für seine Frau und seine kleinen Kinder fände. Ich schlug ihm vor, am Freitagmittag Schluß zu machen und mit seiner Familie zum Lake Tahoe zu fahren, einem See, an dem er sich gerne erholte. Er mietete ein Häuschen, in dem er und seine Familie den ganzen Sommer über jedes Wochenende verbrachten. Er erlebte seine zweiten Flitterwochen, lernte seine Kinder besser kennen und fühlte sich wieder kerngesund. Seit er wußte, daß sich geringe Produktivität nicht durch Überstunden aus der Welt schaffen ließ, konzentrierte er sich darauf, die wesentliche Arbeit während der regulären Arbeitszeit zu leisten. So erzielte er in weniger als fünfundzwanzig Stunden bessere Ergebnisse als jemals während seiner Sechzig-Stunden-Wochen. Während er sich am See erholte, kamen ihm außerdem noch glänzende Ideen; seine Wochenenden machten sich also in jeder Weise bezahlt. Nur mit zeitraubenden Detailzeichnungen befaßte er sich nicht mehr; solche Aufgaben übertrug er fortan einem Mitarbeiter.

Leisten Sie gute Arbeit, wenn Überstunden Sie ermattet haben? Wahrscheinlich nicht. Sinnvoller wäre es vermutlich, sich einen freien Nachmittag zu gönnen und am nächsten Tag mit neuem Schwung so hart wie nie zu arbeiten.

Faulenzen fördert Ihre Arbeitskraft

Auch Sie werden feststellen: Wenn Sie sich öfter mal entspannen, leisten Sie mehr und gewinnen Freude an der Arbeit.

Ein Ingenieur, der sich von mir beraten ließ, wußte nicht, was »Nichtstun« war. In jeder Minute seiner Freizeit drängte es ihn zu beängstigenden Aktivitäten. Im Winter spielte er stundenlang Eishockey und jagte von Skipiste zu Skipiste; im Sommer frequentierte er sämtliche Tennisplätze und fuhr pausenlos Wasserski. Seine Freundin machte den ganzen Trubel mit, obwohl sie lieber am Kaminfeuer träumte. Ihm erging es wie viel zu vielen Menschen: Sein Tatendrang war nie zu bremsen, Nichtstun galt ihm als Zeitverschwendung. Wenn er sich am Feuer »entspannte«, spielte er Schach oder

Bridge oder studierte den ›*Scientific American*‹. Selbst sein Liebesleben richtete sich streng nach Fahrplan.

Ich schlug ihm das Experiment vor, fünf Minuten während einer unserer Sitzungen zu »verschwenden«. Es endete damit, daß er ruhig dasaß, sich entspannte und zu träumen begann. Schließlich kam er zu der Einsicht, daß er aufgrund uneingestandener Emotionen Entspannung mit Zeitverschwendung gleichgesetzt hatte. Nun begann er, diese Ansicht selbstkritisch zu überprüfen. Als er erkannte, daß Nichtstun eine sinnvolle Tätigkeit sein konnte, wich seine Hektik nach und nach einer Gelassenheit, die ihm mehr Freude an seiner Freizeit vermittelte. Zuvor stand er so im Bann seiner Aktionen, daß er gar nicht dazu kam, Freude dabei zu empfinden. Nun strapazierte er sich weniger und hatte mehr davon. Als ich ihn drei Jahre später wieder traf, war er immer noch voll ausgelastet, doch nahm er sich Zeit für die Entspannung; und Montag morgens kehrte er nicht ausgepumpt, sondern erfrischt an die Arbeit zurück.

Nach meiner Ansicht kann man seine Zeit gar nicht völlig verschwenden — auch wenn man gelegentlich nichts tut. Natürlich sollte man nicht übertreiben. Ich erinnere mich eines Klienten, den ich förmlich aus seiner Lethargie rütteln mußte. Seine Energien kehrten wieder, als wir nach Durchsicht seiner unbezahlten Rechnungen den Zeitpunkt schätzten, zu dem seine Schwierigkeiten kulminieren würden.

Der einzige Weg zu mehr Freizeit führt manchmal über eine willkürliche Reduzierung der Arbeit. Wenn all Ihre Versuche fehlschlagen, mehr Entspannung zu finden, müssen Sie vielleicht einen grundsätzlichen Wandel in Ihrer Arbeitssituation herbeiführen. Der Leiter der Kreditabteilung eines Geschäfts für Herrenbekleidung machte zwei Jahre lang Überstunden. Er konnte seinen Chef nicht dazu bewegen, ihm einen Assistenten zu bewilligen, der ihm das Zuviel an Arbeit abgenommen hätte. Schließlich gab er entmutigt auf und ging zu einer anderen Firma, wo er nicht mehr achtzig Stunden in der Woche schuften mußte und auch Zeit für seine Familie fand. Der Prokurist derselben Firma löste das Problem der Überlastung durch den Entschluß, zu tun, was er konnte, und zu lassen, was einfach nicht zu schaffen war. Seine Lösung erwies sich als erfolgreicher: Als der Chef sah, daß die Arbeit liegenblieb, genehmigte er die Einstellung von neuen Mitarbeitern. Der Leiter der Kreditabteilung hätte mehr davon gehabt, wenn er der Sturheit seines Chefs ähnlich begegnet wäre — oder früher gekündigt hätte. Zwei Jahre lang rieb er sich sinnlos auf.

Das Freizeitproblem der Hausfrau

Die Hausfrau hat einen besonders schweren Stand im Kampf um ihre Freizeit. Der Tag hat vierundzwanzig Stunden, die Arbeit will nicht enden, das Essen muß stets pünktlich auf dem Tisch stehen, die Wäsche muß zu jeder Zeit im Schrank bereitliegen. Störungen ihres Tagesablaufs können sich zu Katastrophen weiten; wenn sich Kinder weh tun, brauchen sie *sofort* Hilfe. Eine Mutter ist ständig im Einsatz. Sie kann abends nicht nach Hause gehen, wo das Essen wartet; *sie* wartet mit dem Essen, bis alle anderen nach Hause kommen. Sie kauft ein, plant alle Haushaltsausgaben, erledigt kleinere Reparaturen, hört sich die Klagen ihres Mannes an, kümmert sich um alle Mahlzeiten, sorgt dafür, daß nichts Nötiges im Hause fehlt, entscheidet, welches Kind welchen Pullover trägt oder mit dem Fahrrad fahren darf, und hat auch sonst noch viel zu tun. Kurz gesagt: Sie führt ein turbulentes kleines Unternehmen, und die Verantwortung ruht ungeteilt auf ihren Schultern.

Mit all diesen Problemen hat es eine Hausfrau ganz besonders schwer, auch nur eine freie Minute zu finden. Entscheidend ist auch hier wieder eine sorgfältige Planung. Sie muß regelmäßig Zeit für sich selbst festlegen.

Eine Hausfrau hielt sich jeden Mittwochnachmittag frei. Sie liebte das Theater und besuchte dann oft eine Matinée, wenn ein interessantes Stück gespielt wurde. Sonst ging sie in Museen oder Galerien, machte einen Schaufensterbummel oder besuchte Freundinnen.

Ich empfehle dringend jeder Hausfrau eine regelmäßige, fest eingeplante Freizeit. Wenn Sie sich sagen: »Irgendwann diese Woche mache ich mir einen freien Tag«, kommt garantiert etwas dazwischen. Doch wenn man sich einen bestimmten Tag reserviert, dann richtet man sich darauf ein, und die Freizeit bleibt unangetastet. Ich kannte eine Hausfrau, die jeden Donnerstagabend mit ihrem Mann ausging — in ein Restaurant, dessen gepflegte Küche und gepflegte Atmosphäre sie zu schätzen wußte (und in dem sie nicht selbst zu kochen brauchte).

Eine Hausfrau, die jede Änderung der Umstände aufmerksam registriert, entdeckt oft neue Freizeitmöglichkeiten, die sie sonst unbeachtet ließ. Eine Frau hatte einen Fortbildungskursus über die Rolle der Frau in der Gesellschaft belegt. Sie hatte einen Babysitter genommen und einige Monate jeden Dienstagnachmittag den Kursus besucht. Sie wußte Wochen im voraus, wann der letzte Kursustermin war, doch es kam ihr gar nicht in den Sinn, sich über die frei werdende Zeit Gedanken zu machen; und so ließ sie den Babysitter gehen, als sie den Kursus abgeschlossen hatte. In der Zeit, die ihr dienstags zur Verfügung stand, hätte sie weitere Lebensziele verfolgen können.

Ich halte es für ratsam, in unregelmäßigen Abständen die eigenen Möglichkeiten in den nächsten zwei, drei Monaten ins Auge zu fassen. Wie können Sie die Zeit nutzen, zu der die Kinder in der Schule oder die Kollegen im Urlaub sind? Beachten Sie, welche Ereignisse Ihren Zeitplan maßgeblich beeinflussen werden: die halbjährliche Handelskonferenz, die Schlußbesprechung zu dem Herbstkatalog. Was muß getan werden, damit nach dem Tag der Arbeit alles wieder seinen gewohnten Gang geht? Wie war das mit den Leuten, die an Weihnachten verreist sind?

Wenn Sie so kommende Ereignisse im voraus überdenken, können Sie oft Gelegenheiten finden oder schaffen, wichtige persönliche Ziele zu verfolgen.

Nutzen Sie Ihre Übergangszeit!

Ich habe Ihnen nahegelegt, Ihre Arbeitszeit und Ihre Freizeit sorgfältig aufeinander abzustimmen. Jetzt können Sie wieder sagen: »Aber ich habe einfach nicht die Zeit für alles.« Ich antworte: »Versuchen wir doch, etwas Zeit zu finden.« Genauer gesagt: »Versuchen wir doch, Zeit zu finden, die Sie bisher übersehen haben.« Oft übersehen wird eine bestimmte Art von Zeit, die ich »Übergangszeit« nenne.

Sie beginnt, wenn Sie morgens aufwachen, und endet, wenn Sie das Haus verlassen und zur Arbeit gehen. Sie dauert in der Regel rund vierzig Minuten täglich; Frauen brauchen oft etwas länger als Männer. Ich kenne einen Mann, der seine Übergangszeit auf fünfzehn Minuten reduziert hat. Er erledigt nur das Wichtigste — waschen, anziehen, rasieren, frühstücken —, und das so schnell wie möglich.

Einiges mag dafür sprechen, diese Übergangszeit eher auszudehnen als zu reduzieren. Wenn Sie tagsüber von Termin zu Termin hetzen, können Sie vielleicht nur Ihre Übergangszeit in Ruhe genießen. Sie gibt Ihnen die Möglichkeit, sich den Tag noch einmal einzuteilen und Methoden zur Bewältigung Ihrer Aufgaben zu überdenken. Wie ich schon erwähnte, stehe ich früh auf — schon um fünf Uhr — und verbringe zwei Stunden Übergangszeit damit, den Tag zu planen und Aktivitäten zu entwickeln, die mich meinen Lebenszielen näher bringen. Wann soll man morgens aufstehen? Von vielbeschäftigten, berühmten Leuten hört man oft, daß sie um fünf oder halb sechs ihr Tagewerk beginnen und Berge bewältigt haben, wenn um neun die Telefone anfangen zu läuten.

Die Übergangszeit läßt sich vielfältig gestalten. Von Robert Kennedy erzählt man sich, er habe beim Rasieren Shakespeare gehört. Ein einfallsreicher Manager hatte morgens glänzende Ideen; er stellte sich darauf ein und begann sofort, sie weiterzuentwickeln. Morgens können Sie auch schon ein Hobby pflegen; Sie können malen, basteln, lesen, schreiben oder andere Aktivitäten entfalten.

Der Weg zur Arbeit — keine verlorene Zeit

Erscheint Ihnen der Weg zu Ihrem Arbeitsplatz zu weit? Dann ziehen Sie doch um! Das ist natürlich leichter gesagt als getan, ja oft unmöglich — doch Sie sollten diese Möglichkeit nicht von vornherein ausschließen.

Sind Sie Geschäftsmann? Arbeiten Sie doch zwei Tage in der Woche zu Hause und ersparen Sie sich die Dreiviertel-Stunden-Fahrt zum Büro!

Wenn Sie mit dem Wagen zur Arbeit fahren, verlieren Sie oft Zeit in Verkehrsstauungen. Vor allen Dingen müssen Sie sich auf die Verkehrslage konzentrieren. Immerhin können Sie nebenbei Radio hören. Sie können Ihr Vokabular durch eine Wortschatzübung erweitern. Ständig kommen neue Kassetten zur Fortbildung auf den Markt; so könnten Sie eine Sprache lernen, in die Geheimnisse der Betriebswirtschaft eindringen oder einen Kurs zur Stärkung Ihres Gedächtnisses absolvieren. Der Weg zur Arbeit, ob zu Fuß, im Wagen oder mit öffentlichen Verkehrsmitteln, bietet auch eine gute Gelegenheit, Ihren Tagesablauf vorauszuplanen — doch sobald Sie hinter Ihrem Schreibtisch sitzen, sollten Sie diesen Plan zu Papier bringen.

Kaffeepausen — keine verlorene Zeit

In der Kaffeepause haben Sie Gelegenheit, sich zu entspannen. Doch nehmen wir an, Sie sind nicht besonders angespannt oder müde. Wie wäre es, wenn Sie ein Wort aus Ihrem Wörterbuch lernten? Wenn Sie Ihrer Bank die unerfreuliche, doch unumgängliche Mitteilung machten, weshalb sich Ihre Zahlungen verzögerten? Wenn Sie mit Ihrem Zahnarzt telefonisch einen Termin vereinbarten, bevor Ihnen eine Plombe aus dem Zahn fällt?

Ein Essen kostet Zeit und Geld

Kunden können schwierig sein, und gewisse Schwierigkeiten können abgebaut werden, wenn man sich um das leibliche Wohl der Kunden kümmert. Doch im allgemeinen sehe ich in einem ausgedehnten Arbeitsessen nur eine enorme Zeitverschwendung. Den meisten Menschen bringt ein solches Essen nur unnötige Kosten und Kalorien. »Drei anständige Mahlzeiten am Tag« erscheinen heute vielen Ärzten gar nicht mehr so anständig, und viele Diätspezialisten verzichten auf das Mittagessen oder lassen es bei einem Stück Käse bewenden.

In der Mittagspause läßt sich sehr vieles erledigen, während die Telefone schweigen und die Mitarbeiter ihre Mahlzeit einnehmen. In der Mittagspause läßt sich aber auch die Hektik des Arbeitstages für kurze Zeit vergessen; vielleicht kommen Sie sonst nie zum Atemholen. Stehen Sie ständig unter Druck, sollten Sie sich in der Mittagspause entspannen; sonst könnte im weiteren Verlauf des Tages Ihre Spannkraft nachlassen. Vielleicht machen Sie einen Spaziergang, vielleicht gehen Sie schwimmen.

Ein Verkaufsdirektor, der noch nicht lange Verkaufsdirektor war, reduzierte seine Mittagspause drastisch. In seiner verantwortungsvollen Position, so meinte er, müßte er allzeit bereit sein; also genehmigte er sich mittags nur ein Sandwich. Nach einigen Wochen merkte er, daß er nachmittags reizbar wurde, seine Kollegen anfuhr und sich nur mit Mühe konzentrieren konnte. Ich überzeugte ihn, daß er ein ordentliches Mittagessen brauchte, um ruhiger zu werden und neuen Schwung zu gewinnen. So begann er, sich beim Essen Zeit zu lassen, und sorgte dafür, daß er in der Mittagspause nicht gestört wurde. Er machte es sich zur Gewohnheit, jeden Tag mit einem anderen Kollegen essen zu gehen. Nach und nach lud er auch all seine Untergebenen ein und lernte sie besser kennen; das förderte die Zusammenarbeit.

Obwohl er seine Mittagspause ausdehnte, aß er mäßig, da er sonst nachmittags schläfrig wurde. Doch für ihn galt: Was man ißt, ist nicht so wichtig; wichtiger ist, mit wem man ißt und worüber man spricht.

Wartezeit — keine verlorene Zeit

Wenn Sie auf die Straßenbahn oder den Bus warten, brauchen Sie nicht ungeduldig zu werden; Sie können die Wartezeit verkürzen und zusätzlich davon profitieren. Vielleicht lesen Sie Zeitung; doch nehmen wir einmal an, Sie wollen die Klassiker kennenlernen. Die meisten sind in Taschenbuchausgaben erhältlich. Sie werden nicht immer in Stimmung sein, sich an der Haltestelle in *»Don Quijote«* zu vertiefen — doch wenn Sie in Stimmung sind, sollte das Buch greifbar sein.

Während des Wartens können Sie sich auch mit dem besonderen Problem befassen, das Ihnen bei der Arbeit so zu schaffen macht. Denken Sie es folgerichtig durch; versuchen Sie, es Schritt für Schritt zu erfassen. Wenn Sie mehr Zeit haben, dann greifen Sie einen Aspekt heraus, der sich in fünf Minuten gründlich durchleuchten läßt. Wahrscheinlich wird es Ihnen nicht gelingen, das Problem zu lösen — doch vielleicht kommen Sie der Lösung näher.

Arbeiten Sie im Schlaf!

Wann sollen Sie ins Bett gehen? Müssen Sie früh schlafen gehen, wenn Sie früh aufstehen wollen? Der Schlaf kostet Zeit — viel Zeit. Verschlafen Sie Ihr Leben? Es ist erwiesen, daß viele Leute länger schlafen, als es ihren physischen Bedürfnissen entspricht. Wenn ein solcher Langschläfer mit weniger Schlaf auszukommen versucht, leiden seine Gesundheit und seine Leistungsfähigkeit in aller Regel nicht.

Kommen Sie auch nicht früh genug aus dem Bett? Versuchen Sie doch, Ihren Schlaf um vielleicht eine halbe Stunde zu verkürzen. Lassen Sie sich ein paar Tage Zeit, um sich an die Umstellung zu gewöhnen. Bleibt Ihre Energie erhalten, gewinnen Sie im Laufe eines Jahres so viel Zeit, wie Ihnen eine Woche Sonderurlaub einbringt.

Das Schlafbedürfnis ist von Mensch zu Mensch verschieden; doch es wechselt auch beim einzelnen. Am Wochenende schläft man üblicherweise länger als während der übrigen Woche. Und wenn Sie an Ihrem Skatabend regelmäßig später ins Bett kommen, dann kann es sein, daß Sie am nächsten Morgen auch nicht müder sind als sonst.

Sie können sozusagen im Schlaf arbeiten, wenn Sie erst einmal erkannt haben, daß während des Schlafes die meisten Körperfunktionen weiter ablaufen. Ihre Träume beweisen, daß Ihr Unterbewußtsein nie schläft. Warum beschäftigen Sie es nicht mit Ihren schwierigen Problemen?

Ehe Sie einschlafen, stellen Sie eine Frage an Ihr Unterbewußtsein. Sie soll stundenlanges Nachdenken erfordern — immerhin hat Ihr Unterbewußtsein vier bis acht Stunden Zeit, sich damit zu befassen. Denken Sie nicht mehr über die Frage nach, sondern erwarten Sie eine umfassende Antwort, wenn Sie erwachen. Schon vielen hat diese Methode geholfen. Doch wenn Sie deshalb nicht mehr schlafen können, dann brechen Sie das Experiment ab.

Was läßt sich tun, wenn man acht Stunden täglich einer Arbeit nachgeht, die einen nicht befriedigt? Ob nur im Sommer oder das ganze Jahr über — nehmen wir an, Sie verrichten wenigstens zeitweise eine Arbeit, die Sie kaltläßt. Wenn Sie nur arbeiten, um Geld zu verdienen — können Sie dann mehr tun, als nur auf den Feierabend zu warten?

Kürzlich hatte ich ein anregendes Gespräch mit einem jungen Mann, der leidenschaftlich Fische züchtet. Er begann mit Zahnkarpfen, als er zehn war, und hat sich inzwischen zu einem Experten in Kärpflingszucht entwickelt. Wahrscheinlich ist sein Hobby daran schuld (er widmet ihm allabendlich drei Stunden), daß er eine recht eintönige Stellung in der Verwaltung angenommen hat. Während er Formulare bearbeitet, brütet er Fischzuchtpläne aus. Unlängst beschloß er beispielsweise, eine seltene Art von Kärpflingen zu züchten, die er aus Afrika importieren mußte. Bei der Einfuhr war ein Gesetz zum Schutze gefährdeter Arten zu beachten, und er zerbrach sich lange Zeit den Kopf, wie er die Kärpflinge in seiner Wohnung züchten sollte, die ihnen ihre afrikanische Heimat ersetzen mußte. Er brauchte Zeit und Geld, um seine diesbezüglichen Pläne zu verwirklichen; beides verdankte er seiner Stellung.

Der Schriftsteller Nathaniel Hawthorne (1804–1864) bietet ein berühmtes Beispiel dafür, daß eine eintönige Stellung keineswegs die kreativen Kräfte schwächen muß. Jahrelang arbeitete er als Zollinspektor in Salem, Massachusetts; in dieser Zeit schrieb er vier Romane, darunter den Klassiker *»Der scharlachrote Buchstabe«*.

Widersetzen Sie sich Parkinsons Gesetz!

Ich halte es für wichtiger, seine Arbeit zu tun, als stets einen beschäftigten Eindruck zu erwecken. Die Leute, die für mich arbeiten, sollen ihre Zeit sinnvoll nutzen; wenn sie mit ihrer Arbeit fertig sind, können sie lesen, schreiben, häkeln oder anderen Interessen nachgehen. Ich habe sie auch schon nach Hause geschickt, wenn es nichts mehr zu tun gab.

Wenn man Menschen an den Schreibtisch kettet, auch wenn sie nichts zu tun haben, schafft man schlechte Zeitgewohnheiten und psychische Belastungen. Man darf sich dann nicht wundern, wenn sich die Arbeit in die Länge zieht, damit die verfügbare Zeit ausgefüllt wird (C. Northcote Parkinson hat das dargelegt); denn allzuoft fehlt jegliche Alternative. Ich finde, daß es Zeit wird, Parkinsons Gesetz außer Kraft zu setzen; wenn die Leute ihre Arbeit rasch erledigt haben, sollen sie ihren eigenen Interessen nachgehen können.

Wenn man einer Arbeit nachgeht, die unablässig neue Anforderungen stellt — wenn man Werbetexte schreibt, in der Forschung tätig ist, Nachschlagewerke verkauft, ständig Staub wischt —, trifft Parkinsons Gesetz in der Theorie nicht zu: Stets hat man etwas zu tun. In der Praxis reserviert man sich einen bestimmten Tag für ganz bestimmte Aufgaben und nimmt sich dann entsprechend lange Zeit. Kreativität läßt sich nicht mit der Stechuhr fördern, und wenn man nur die Arbeits*stunden* zählt, kann die Arbeit selbst darunter leiden.

Parkinsons Gesetz entspricht der Realität; die Arbeit zieht sich tatsächlich in die Länge, damit die verfügbare Zeit ausgefüllt wird — und irgendwie müssen Sie Ihre Zeit ausfüllen, wenn man Sie nicht nach Hause gehen läßt. Könnten Sie Ihren Chef nicht davon überzeugen, daß er Sie am besten nach Hause schickt, wenn Sie all Ihre Aufgaben erfüllt haben? Erklären Sie ihm, wie günstig sich das auf Ihr Arbeitstempo auswirken würde. Wenn Sie keinen Erfolg haben, so bitten Sie ihn darum, eigene Interessen verfolgen zu dürfen (lesen, Privatbriefe schreiben usw.), während Sie vor Ihren Schalthebeln oder hinter dem Auskunftsschalter sitzen.

Nutzen Sie jede freie Minute!

Wenn Sie Ihre Lebensziele stets vor Augen haben, können Sie jede freie Minute nutzen, um ihnen ein Stück näher zu kommen. Sie haben es leichter, wenn Sie sich »Schwerpunktziele« setzen (wie ich sie nenne), die Sie eine Woche oder ein paar Monate verfolgen können. Bemühen Sie sich, jeden Tag wenigstens eine A-Aktivität für jedes Ihrer Schwerpunktziele zu entwickeln.

Nehmen wir an, zu Ihren Lebenszielen zählt die Erweiterung Ihres geistigen Horizonts. Sie beschließen, Ihren Wortschatz zu erweitern, um Ihrem Intellekt einen größeren Spielraum zu verschaffen. Hier bietet sich das Schwerpunktziel an, einen Monat lang jeden Tag ein neues Wort aus dem Wörterbuch zu lernen. Es dauert nur eine Minute, ein geeignetes Wort zu finden, sich seine Bedeutung einzuprägen und es in einigen Sätzen anzuwenden. Dann können Sie Ihr neues Wort während des Tages mehrmals ins Gespräch einfließen lassen.

Das Schwerpunktziel einer Hausfrau war es, eine Woche lang jeden Tag ein neues Gemüsegericht zu erproben; sie plante die Woche im voraus, holte täglich ein neues Rezept aus der Schublade und wurde im Handumdrehen eine Meisterköchin.

Ein Ehepaar fühlte sich etwas einsam und beschloß, einen Monat lang jedes Wochenende alte Bekanntschaften aufzufrischen und neue Bekanntschaften zu schließen. Die beiden verfolgten ihr Schwerpunktziel also nur samstags und sonntags. Nach einem Monat hatten sie acht anregende Nachmittage oder Abende erlebt; sie waren zum Essen ausgegangen, hatten Schallplatten gehört und politische Themen diskutiert.

Wenn Sie kochen, wenn Sie am Schreibtisch sitzen, selbst wenn Sie am Telefon darauf warten, daß sich Ihr Partner meldet, können Sie eine Entspannungsübung einschieben. Wenn Sie sich stets Ihr Schwerpunktziel vor Augen halten, bei jeder Gelegenheit eine Übung zu machen, werden Sie solche Gelegenheiten häufig finden.

Ziele, die sich bei der Arbeit ergeben, können als Schwerpunktziele verfolgt werden. Ein Handelsvertreter kann sich jeden Tag einen potenten Kunden vornehmen. Der Leiter der Qualitätskontrolle kann höchstpersönlich die Qualität eines Autos prüfen, indem er es vom Fließband weg nach Hause fährt. Ein freier Journalist kann sich jeden Tag mindestens drei Ideen zu Artikeln notieren; er wird sie brauchen können, wenn ihm einmal nichts einfällt. Ein Geschäftsführer kann sich jeden Tag ein paar Minuten Zeit nehmen, um die Angestellten besser kennenzulernen. Solche Aktivitäten lassen sich stets zwischen zwei Termine schieben, wenn Sie ein Schwerpunktprogramm haben — wenn Sie sich sagen, daß sie *jetzt* ein paar Minuten ein bestimmtes Ziel verfolgen müssen.

Diese A-Aktivitäten mit einem Schwerpunktziel vor Augen sind nicht nur ein vernünftiger Schritt auf dem Weg zu Ihren Zielen; sie geben Ihnen auch moralischen Auftrieb. Denn dadurch, daß Sie sich ständig vor Augen halten, was Sie wollen, rücken Ihre Lebensziele täglich näher.

Verlieren Sie Ihre Schwerpunktziele nicht aus den Augen — machen Sie sich Notizen. Schreiben Sie ein Ziel auf eine Postkarte und stecken Sie die Karte ein. Oder wie wäre es mit einem Schild? Einmal schlug ich einem Klienten vor, ein kleines Schild auf seinem Schreibtisch aufzustellen, das nur er sehen konnte. Darauf stand: »Telefoniere ich zu lange?« Bisher hätte er diese Frage meist mit Ja beantworten müssen. Das Warnschild, das er nun eine Woche lang vor Augen hatte, verkürzte seine endlosen Gespräche.

Eine Hausfrau hatte sich fest vorgenommen, die Hausarbeit in einer Woche auf ein Minimum zu reduzieren. Sie stellte ein Schild in der Küche auf: »Verschwinde aus der Küche und mach dir einen schönen Tag.«

Keine Zeit? Sie scherzen wohl!

9

Verschaffen Sie Ihren Prioritäten Geltung!

Ich brauchte Monate, um dem entscheidenden Geheimnis auf die Spur zu kommen, wie es manche Leute schaffen, täglich mehr zu leisten. Als ich begann, mich mit Zeitproblemen zu befassen, fragte ich erfolgreiche Menschen nach dem Geheimnis ihres Erfolgs. Ich erinnere mich noch an eine Unterredung mit einem Vizepräsidenten der Standard Oil Company of California, der auf meine Frage antwortete: »Ach, ich führe einfach eine Aufgabenliste.« Damals ahnte ich noch nicht, wie wichtig seine Worte waren.

Am nächsten Tag fuhr ich in eine große Stadt, um ein Seminar zu halten. Mit ihrem bedeutendsten Geschäftsmann ging ich essen. Er war Vorsitzender der Gas- und Elektrizitätsgesellschaft, Präsident von fünf Industrieunternehmen und beteiligte sich an zahlreichen anderen Geschäften. Man konnte sagen, daß er es zu etwas gebracht hatte. Auch ihn fragte ich nach dem Geheimnis seines Erfolgs. »Ganz einfach«, sagte er, »ich führe eine Aufgabenliste.« Doch seine Liste war anders als jene des vorgenannten Vizepräsidenten: Er betrachtete das Ganze als Spiel.

Jeden Morgen stellte er als erstes eine Liste auf; er notierte alles, was er im Laufe dieses Tages erledigen wollte. Abends verglich er seine Leistungen mit seiner Liste und bewertete sie; je nachdem, wie viele seiner Vorhaben er durchgeführt hatte, gab er sich eine mehr oder minder gute Note. Sein Ziel war ein »fehlerfreier« Tag, an dem er alle seine Aufgaben erfüllen konnte.

Geradezu spielerisch sammelte er den ganzen Tag über Punkte, wann auch immer sich Gelegenheit dazu bot — er führte Telefongespräche, äußerte sich bei Konferenzen, prüfte abends noch Projekte. Die wichtigsten Aufgaben erledigte er stets sofort. Gegen Abend fand er meistens noch die Kraft zu einem Endspurt, der ihm ein gutes Abschneiden in seinem Listen-Spiel sicherte.

Wenn ich mit erfolgreichen Geschäftsleuten oder hohen Regierungsbeamten spreche, ist immer wieder von der Aufgabenliste die Rede. Während eines Seminars stellte ich einmal die Frage, wer schon von einer solchen Liste gehört hätte — und alle wußten Bescheid. Dann fragte ich, wer *täglich* eine Liste aufstellte, ihre Punkte nach Prioritäten ordnete und erledigte Aufgaben abhakte. Diesmal meldeten sich nur wenige, obwohl die meisten ab und an eine Liste führten, wenn sie besonders viel zu tun hatten, ihr Gedächtnis entlasten wollten oder Terminschwierigkeiten bewältigen mußten.

Ihre Aufgabenliste — Ihre tägliche Aufgabe

Aufgabenlisten sind allgemein bekannt; Erfolgreiche und Erfolglose wissen, was es damit auf sich hat. Doch die Erfolgreichen führen täglich eine Aufgabenliste, um ihre Zeit optimal zu nutzen; die Erfolglosen kennen zwar Listen, nehmen ihre Vorteile jedoch nur ungenügend wahr. Die tägliche Aufgabenliste ist ein Meilenstein auf dem Weg zum Erfolg. Bringen Sie die Liste an für Sie unübersehbarer Stelle auf Ihrem Arbeitsplatz an, prägen Sie sich ihre Punkte ein, lassen Sie sich von ihr leiten.

Da die Aufgabenliste eine entscheidende Rolle bei der Zeitplanung spielt, wollen wir sie einmal näher betrachten. Ihr Prinzip ist simpel: Geben Sie einem Blatt Papier die Überschrift »Aufgaben« oder »Zu erledigen«; notieren Sie der Reihe nach, was zu erledigen ist; streichen Sie die erfüllten Aufgaben und fügen Sie hinzu, was Ihnen einfällt; schreiben Sie die Liste immer wieder neu — jeden Abend oder jedesmal, wenn sie unleserlich geworden ist.

Vereinen Sie all Ihre Aufgaben auf einer Liste — oder führen Sie Listen, die Sie stets zusammen aufbewahren. Notizen auf allen möglichen Zetteln verwirren Sie nur. Vielleicht legen Sie die Liste zu Ihrem Terminkalender. Ein leitender Angestellter hat seiner Aufgabenliste einen besonderen Platz auf seinem Schreibtisch reserviert. Ich kenne eine Frau, die nie ein Kleid kauft, das keine Tasche für ihre Aufgabenliste hat.

Eine andere Hausfrau verlor dauernd ihre Listen. Die Suche nach der gestrigen Liste kostete sie oft mehr Zeit als das Aufstellen einer neuen. Ich schlug ihr vor, sämtliche Listen in einem Notizbuch aufzubewahren. So gewann sie Zeit und konnte sich auch stets ältere Listen ansehen.

Manche Leute verlassen sich auf ihr Gedächtnis und verzichten auf eine Liste; doch der Erfolg läßt oft zu wünschen übrig. Warum sollten Sie Ihr Gedächtnis mit Dingen belasten, die Sie aufschreiben können? Verzichten Sie auf überflüssige Gedächtnisakrobatik — Ihr Gehirn soll Ideen produzieren!

Was gehört auf die Liste?

Notieren Sie auf Ihrer Liste jede Kleinigkeit? Halten Sie nur das Wichtigste fest? Schreiben Sie alles auf, was Sie tun *könnten*, oder nur das, was Sie unbedingt tun *sollten*? Es gibt zahlreiche Alternativen, und jeder muß sich selbst entscheiden. Mein Vorschlag: Notieren Sie keine Alltäglichkeiten, sondern ausschließlich aktuelle Aufgaben von hohem Stellenwert, die Ihrer Aufmerksamkeit nicht entgehen dürfen. Vergessen Sie nicht, die A-Aktivitäten für Ihre Langzeitziele auf Ihre Aufgabenliste zu setzen. Wenn auf Ihrer Liste steht, daß Sie Französisch lernen, Freundschaften schließen, Milch besorgen und eine Geburtstagskarte kaufen wollen, so mag sich dieses Nebeneinander seltsam ausnehmen — doch schließlich wollen Sie ja all das an demselben Tag erledigen. Wenn Sie in Ihrer Aufgabenliste den Leitfaden für Ihr Handeln sehen, müssen Sie auch Langzeitprojekte festhalten — Sie könnten sie sonst aus den Augen verlieren.

Bevor Sie überhaupt erwägen, ob Sie etwas selbst tun wollen oder nicht, überfliegen Sie die Liste und sehen nach, wie viele Aufgaben Sie delegieren können, und zwar nicht nur an Ihre Untergebenen oder Ihren Babysitter, sondern auch an Gleich- und Höherrangige, die imstande sind, die jeweilige Aufgabe rascher und leichter zu bewältigen.

Bei entsprechendem Einsatz könnten Sie täglich all Ihre Aufgaben erfüllen (das hängt natürlich auch von der Art der Aufgaben ab). Versuchen Sie es auf jeden Fall. Doch vielleicht wissen Sie von vornherein, daß einfach nicht alles zu schaffen ist. Sind zu viele Dinge zu erledigen, wählen Sie Ihre Aktivitäten mit Bedacht und lassen Sie nicht den Zufall entscheiden.

Ich kann nur immer wieder sagen: *Setzen Sie Prioritäten.* Manche Leute begnügen sich damit, möglichst viele Punkte ihrer Liste zu erledigen. Sie erfüllen zahlreiche Aufgaben; doch da diese oft zweitrangig sind, bleibt ihr Erfolg gering. Andere beginnen mit dem ersten Punkt und halten sich stur an die Reihenfolge; auch sie versäumen es, dem Wichtigen besonderes Gewicht zu geben. *Sie* aber sollten Ihre Liste vornehmen, nach dem ABC-System Prioritäten setzen, soviel wie möglich delegieren — und dann entsprechend handeln.

Ich kenne jemanden, der auf seiner Liste Farben verwendet; alltägliche Aufgaben sind schwarz, entscheidende Punkte rot eingetragen. Wenn Sie Schwierigkeiten mit den Prioritäten haben, können Sie auf einem Blatt die As und Bs notieren und auf ein anderes die zahlreichen Cs schreiben. Legen Sie die A- und die B-Liste stets auf die C-Liste; wollen Sie dann die C-Liste hervorholen, wird Ihnen jedesmal bewußt, daß Sie Ihre Zeit nicht optimal nutzen.

Die Punkte Ihrer Aufgabenliste lassen sich in verschiedener Weise anordnen. Sie können sie funktional gliedern: sehen, telefonieren, nachhaken, bedenken, entschließen, diktieren. Sie können Aktivitäten zusammenfassen, die das gleiche Thema betreffen (alles über Wasserverschmutzung), die sich auf dieselbe Region beziehen (mehrere Kunden in einer Gegend) oder mit derselben Person zusammenhängen (mehrere Punkte, zu denen sich Ihr Chef äußern muß). Ein Punkt auf Ihrer Liste kann eine ganze Gruppe repräsentieren (den Posteingang bearbeiten; Botengänge machen).

Keine Sorge, wenn Sie nicht alles schaffen!

Machen Sie sich jetzt an Ihre Liste; erledigen Sie die As vor den Bs und die Bs vor den Cs. An manchen Tagen schaffen Sie vielleicht alle Punkte, doch in der Regel dürfte die Zeit dazu nicht reichen. Wenn Sie die ABC-Reihenfolge einhalten, kommen Sie manchmal vielleicht nicht einmal über die As hinaus. An anderen Tagen werden Sie die As und Bs erledigen, dann wieder die As, Bs und einige Cs. Selten werden alle Aufgaben einer Liste erfüllt. Doch Sie sollen ja nicht nur nach der Liste leben, sondern vor allem Ihre Zeit optimal nutzen. Wenn nur noch Bs und Cs übrig sind, lassen Sie sich neue Aktivitäten einfallen und ergänzen Sie Ihre Liste. Müssen Sie nicht Ihre Ablage ordnen, *»Krieg und Frieden«* zu Ende lesen, ein Geburtstagsgeschenk für Ihre Tante kaufen? Denken Sie an all die As, die noch nicht auf Ihrer Liste stehen. Nehmen Sie sich etwas Zeit, und Sie können sich heute noch mit ihnen befassen.

Viele Angestellte, Hausfrauen und Geschäftsleute kommen in meine Seminare, weil sie organisatorische Schwierigkeiten haben. Die meisten berichten schon nach Monaten, daß sie die Lage jetzt viel besser überblicken — nur weil sie regelmäßig Listen führen und Prioritäten setzen. Eine Oberschwester übernahm diese Methode auch für ihre Freizeit, nachdem ihr aufgefallen war, wie gut sie im Krankenhaus damit zurechtkam. Nicht nur im Beruf kommt es darauf an, seine Zeit optimal zu nutzen. Gewiß wollen Sie in Ihrer Freizeit unter anderen Bedingungen leben als während der Arbeitszeit. Indessen sollten Sie auch bei der Erledigung Ihrer persönlichen, privaten Angelegenheiten nach einer Aufgabenliste verfahren. Erstens geht es rascher, weil gezielt, zweitens gewinnen Sie so mehr freie Zeit für sich.

Ein Prokurist war stets darauf bedacht, daß er von all seinen Möglichkeiten auch wirklich die wichtigsten wahrnahm. Er nahm sich Zeit, Prioritäten zu setzen; abends ging er mit dem Gefühl nach Hause, die Situation zu beherrschen, da er die wichtigsten Aufgaben seiner Liste erfüllt hatte.

Eine unscheinbare Liste kann von unschätzbarer Bedeutung sein. Sie gibt Ihnen die Sicherheit, daß Sie nichts vergessen werden; sie bestätigt all Ihre wichtigen Aktivitäten; sie motiviert Sie, unnötige Vorhaben fallenzulassen; sie erleichtert Ihnen die Wahl Ihrer nächsten Aktivitäten.

Wenn Sie mehr As und weniger Cs erledigen, wird Ihr Erfolgsbarometer steigen. Sie können Ihre alten As in neue As und Bs aufspalten, Ihre alten Bs zu Cs degradieren und die meisten alten Cs von Ihrer Liste streichen.

Wie man mehr Dinge erledigt, die zählen

Vor einem Jahr noch — um ein Beispiel zu geben — wäre es für Sie eine Selbstverständlichkeit gewesen, den Elternabend der Schule Ihrer Tochter zu besuchen. Doch jetzt arbeiten Sie halbtags als Modezeichnerin, und Ihre Tochter hat Verständnis dafür, daß Sie viel zu tun haben und Ihre Arbeit

Sie befriedigt. Also gehen Sie nicht zum Elternabend — es sei denn, es ließe sich gerade einrichten.

Letztes Jahr achteten Sie selbst auf jede Einzelheit der Jahresinventur. Dabei notierten Sie die nötigen Schritte und prägten sie sich ein. Das A vom letzten Jahr (Wie macht man Inventur?) ist nun zum C geworden — Routinearbeit. Sie können die Inventur dieses Jahres delegieren und sich selbst mit der Vermarktung Ihrer Produkte befassen.

Der Handelsvertreter, der ständig nach potenteren Kunden Ausschau hält, degradiert den A-Kunden des letzten Jahres zum diesjährigen C-Kunden. Sein jetziger A-Kunde bringt ihm dreimal soviel ein. Seine Geschäfte gehen gut, weil er sich bewußt nach seinen A-Kunden ausrichtet. Jede Woche nimmt er sich die Kundenliste vor und streicht mindestens einen Kunden, bei dem sich der Aufwand nicht lohnt. Meine Erfahrung sagt mir, daß die meisten Handelsvertreter enorm profitieren könnten, wenn sie auf zwanzig Prozent ihrer Kunden verzichteten und sich mehr auf die wichtigsten konzentrierten.

Auch wenn Sie ein Musikinstrument lernen, verschieben sich allmählich die Prioritäten. Beginnen Sie mit Klavierspielen, üben Sie als Ihr A zunächst leichte Stücke. Nach einiger Zeit wäre es ein C, weiter das gleiche zu spielen; also gehen Sie zu immer anspruchsvolleren Stücken über. Wenn Sie ein schwieriges Stück lernen, ist Ihr A-Ziel ein langsames, aber möglichst fehlerfreies Spiel; spielen Sie schnell und unterlaufen Ihnen dabei viele Fehler, muß das als C bewertet werden. Wollen Sie dann das Stück beherrschen, wird es Ihr A, es im richtigen Tempo vorzutragen.

Wenn Sie lernen wollen, wie man seine Zeit in den Griff bekommt, mag es ein A sein, eine Stunde lang jede Bewegung zu registrieren; so läßt sich ein Zeitbewußtsein entwickeln. Besitzen Sie bereits ein Zeitbewußtsein, dann wäre es ein C, den Minutenzeiger Ihrer Uhr zu verfolgen — es sei denn, Sie wollen Ihr Zeitgefühl erneut trainieren.

Wer seine Zeit im Griff hat, entwickelt ständig A-Aktivitäten; er braucht sich nicht zu sorgen, wie er sich um welches A zu kümmern hat, und strebt nicht nach Perfektion um jeden Preis. Vielmehr erfüllt er täglich eine Reihe von A-Aufgaben; und sobald er weiß, wie er seine Zeit optimal nutzen kann, handelt er sofort.

10

Aufgaben, die Sie nicht erfüllen sollten

Wie oft haben Sie sich schon in Routinearbeiten geflüchtet (die Ihnen eine gewisse Sicherheit vermittelten), um wichtigeren Aufgaben aus dem Weg zu gehen (deren — vielleicht nur vermeintliche — Schwierigkeiten Sie verwirrten)?

Wenn Sie pedantisch Ihren Schreibtisch ordnen oder sich in belanglose Büroarbeit vertiefen, kann Ihnen das *vorübergehend* mehr Befriedigung verschaffen, als wenn Sie sich an eine wichtige, doch recht vertrackte Aufgabe wagen.

Nehmen wir etwa das Aufräumen Ihres Schreibtisches. Es läßt sich kaum als A-Aktivität bezeichnen, solange nicht völliges Chaos herrscht. Doch das Aufräumen ist eine anspruchslose und daher in gewissen Fällen angenehme Tätigkeit, die sofort sichtbare Ergebnisse zeitigt; deshalb ordnen Sie möglicherweise lieber Ihren Schreibtisch, als daß Sie die dringende Personalfrage regeln, die Sie jetzt mit Ihren Mitarbeitern klären sollten.

Der vielgeplagte Verkaufsleiter, dessen Flugzeug in einer Dreiviertelstunde startet, gibt seiner Sekretärin noch die eine oder andere Anweisung, bevor er für vierzehn Tage auf Reisen geht. Er läßt sich so zu einem C verleiten, das sein wichtigstes A-Ziel gefährden könnte: Wenn er noch lange redet, startet das Flugzeug ohne ihn.

Warum fühlen sich viele Menschen magisch von Cs angezogen? Ein Grund: Entscheidende A-Aufgaben lassen sich aufgrund immanenter Schwierigkeiten oft nicht perfekt lösen. Ihre Bedeutung mag mit davon abhängen, daß sie zum erstenmal gestellt werden. Einige Beispiele: ein Komitee zusammenstellen, das über die Herstellung eines neuen Produkts beraten soll; einen Säugling zum erstenmal wickeln; Chinesisch lernen; die Ernährung auf Gesundheitskost umstellen; dem Fernsehen teilweise entsagen und die Freizeit sinnvoller nutzen.

Die Hausfrau, die ihrer umfangreichen Sammlung nie oder selten erprobter Rezepte einen weiteren Fund einverleibt, wird sich temporär der freudigen Erwartung kommender Gaumenfreuden hingeben; doch in Wahrheit vergeudet sie ihre Zeit, da die Rezepte in der Schublade verstauben. Über der Sekundärliteratur der Rezeptseiten vernachlässigt sie das primäre Bedürfnis Ihrer Familie nach bekömmlicher Ernährung. Durch Ausschnitte aus Illustrierten lassen sich Kochkünste kaum verbessern.

Sie sollten nicht erwarten, daß Ihre A-Aktivitäten auf Anhieb zum Ziel führen. Bedenken Sie, daß Sie unerforschtes Neuland betreten. Sie müssen Risiken auf sich nehmen, die eine Erfolgsgarantie ausschließen. Ein A-1 kann Sie zunächst überfordern oder zuviel Zeit in Anspruch nehmen; der Erfolg kann davon abhängen, daß Gegensätze vereint werden.

Wenn möglicherweise solche Schwierigkeiten mit einem A-1 verbunden sind — wen sollte es da wundern, wenn Sie sich nach einer einfacheren Aufgabe umsehen? Sie haben es entschieden leichter, Ihre Aufmerksamkeit auf problemlose Cs zu richten. Und Sie rechtfertigen Ihre C-Aktivitäten mit der Behauptung, Sie würden sich dadurch den Weg zu Ihrem A-1 bahnen, dem Sie sich dann ungehindert widmen könnten — später.

Sie haben sehr geschickt eine Situation geschaffen, in der Sie nicht das Haus verlassen, ohne zuvor den Müll zu beseitigen — in der Sie nicht an das A-1 denken, ohne zuvor die Bs und Cs zu erledigen. Die Bs und Cs erhalten dadurch eine Priorität, die ihnen nicht zukommt; der Weg zu Ihrem

A-1 führt nur über sie. Sie sichern die Durchführung Ihrer B- und C-Aufgaben, indem Sie Ihre Bs und Cs mit Ihrem A-1 koppeln.

Es kann eine gewisse Euphorie zur Folge haben, wenn man seinen Neigungen nachgibt, Prioritäten außer acht läßt und Aktivitäten nicht an ihrem Aufwand mißt. Da Sie wissen, daß Sie keine As erledigen, können Sie in aller Ruhe Zeit verschwenden. Dabei sind Sie ja keineswegs untätig; im Gegenteil, Sie leisten sogar in gewisser Weise gute Arbeit, die Sie wenig Mühe kostet, Sie streichen Punkt für Punkt von Ihrer Liste und erzielen sichtbare Fortschritte. Doch täuschen Sie sich nicht: Wenn Sie Ihre As vernachlässigen, so nicht deshalb, weil Ihnen einfach die Zeit dafür fehlt. Ihre As werden vielmehr von der Masse der Cs erdrückt — für die Sie erstaunlicherweise immer Zeit finden.

Die Achtzig-zu-Zwanzig-Regel

Leuten, die sich überfordert fühlen, versuche ich meist dadurch zu helfen, daß ich sie ihre Cs streichen lasse. Doch oft sind sie nur zögernd dazu bereit. Deshalb möchte ich hier die Achtzig-zu-Zwanzig-Regel ins Spiel bringen.

Die Achtzig-zu-Zwanzig-Regel besagt: »Ordnet man alle Aufgaben nach ihrer Effektivität, werden 80% des zählenden Erfolges aus nur 20% der Aktivitäten resultieren, während sich die restlichen 20% aus 80% der Aktivitäten ergeben.« Die Prozentzahlen mögen mitunter schwanken; doch in 80% der Fälle werden Sie sicher feststellen, daß die Achtzig-zu-Zwanzig-Regel zutrifft.

Das heißt: Wenn Sie von den zehn Aufgaben einer Liste zwei erfüllen, ist Ihr Gesamterfolg bereits zu 80% gesichert. Finden Sie diese entscheidenden Aufgaben, geben Sie ihnen A-Prioritäten und machen Sie sich an die Arbeit. Lassen Sie die anderen acht zumindest teilweise links liegen; denn ihre

Bedeutung ist gering, wenn man sie mit den beiden A-Aufgaben vergleicht.

Die folgenden praktischen Beispiele sollen Sie motivieren, mit gutem Gewissen Ihre A-Aufgaben zu bevorzugen — selbst wenn andere Aktivitäten darunter zu leiden haben:

80% aller Bestellungen kommen von 20% aller Kunden;

80% aller fertigen Produkte werden in 20% der benötigten Arbeitsgänge hergestellt;

80% aller Krankmeldungen kommen von 20% aller Beschäftigten;

80% alles Aktenstudiums beziehen sich auf 20% aller Akten;

80% aller Mahlzeiten werden nach 20% aller Rezepte zubereitet;

80% des Schmutzes liegen auf 20% der Fußbodenfläche;

80% der Lebensmittelkosten werden durch 20% der Lebensmittel verursacht;

80% der großen Wäsche bestehen aus der Reinigung von 20% der Wäschestücke;

80% des Fernsehkonsums betreffen 20% aller Sendungen;

80% der Zeitungslektüre beziehen sich auf 20% der Artikel;

80% der Telefonanrufe kommen von 20% aller Gesprächspartner;

80% der Restaurantsbesuche führen in 20% der besuchten Restaurants.

Hüten Sie sich stets davor, von belanglosen Aktivitäten blockiert zu werden; konzentrieren Sie sich vielmehr auf die 20% Ihrer Aufgaben, die den größten Erfolg versprechen.

Ein Lokalpolitiker kam zwei Monate vor einer Wahl zu mir, um sich beraten zu lassen. Sein Gegenkandidat war viele Jahre schon im Amt und schien einen enormen Popularitätsvorsprung zu haben. Mein Klient erkannte, daß er nur dann eine Chance hatte, wenn er seine Zeit optimal nutzte. Doch er hatte viele Einladungen akzeptiert, die ihn seinem Ziel kaum näher bringen würden, und sah sich schon von der Terminflut überschwemmt. Er sah kaum noch die Möglichkeit, entscheidende Auftritte einzuplanen.

Er hatte es versäumt — darüber war er sich im klaren —, seine Zusagen sorgfältig zu überdenken. Die bereits eingegangenen Verpflichtungen wollte er nicht mehr lösen, doch er beschloß, künftig gewissenhaft nach Prioritäten zu entscheiden. Dieser Entschluß fiel ihm nicht leicht, wollte er doch zu allen Wählern sprechen, die sich für ihn interessierten. Wir gingen die Liste seiner Verpflichtungen durch und entdeckten, daß gewiß 80% seiner Breitenwirkung von höchstens 20% seiner Reden ausgehen würden. 80% seiner Reden mußten nahezu wirkungslos bleiben, da das entsprechende Publikum fehlte. Diese 80% konnten ihm eher schaden als nützen; sie würden ihm den Wind aus den Segeln nehmen, den er für seine großen Reden brauchte. Er erinnerte sich, daß Nixon 1960 in den letzten Tagen seines Wahlkampfs unter anderem nach Alaska, Hawaii und Wyoming gereist war, um sein Versprechen zu erfüllen, alle fünfzig Staaten zu besuchen; Kennedy dagegen hatte sich auf die größeren Staaten konzentriert, die ihm dann ja auch die Mehrheit brachten.

Als unser Gespräch zu Ende ging, hatte sich herausgestellt, daß der Kandidat doch mehrere Reden streichen konnte — diese Verpflichtungen waren nicht verbindlich — und somit in der Lage war, an ihrer Stelle wichtigere Auftritte zu planen. Nicht umsonst: Er gewann die Wahl.

Eine wohlhabende Dame der Gesellschaft fand sich allzuoft bereit, zum öffentlichen Wohle und meist mehr symbolisch in Aktion zu treten. Stets konnte man auf sie zählen, wenn es Briefmarken zu befeuchten oder Abgeordnetenarme zu verrenken galt. Diese Aktivitäten waren meist nicht unbedingt in ihrem Sinn; es mißfiel ihr, daß andere ihre Prioritäten setzten. Sie mußte erkennen, daß 80% ihrer öffentlichen Auftritte sie frustrierten; Befriedigung verschafften ihr nur wenige Aktivitäten, mit denen sie ein echtes Engagement verband.

Wir setzten uns zusammen und erstellten eine lange Liste mit über zweihundert Aktivitäten, die sie im letzten Vierteljahr entfaltet (oder zugesagt) hatte. Sie unterzog sie einer sachlichen Prüfung und entwickelte konkrete Vorstellungen ihrer As: Sie wollte Wahlkämpfer unterstützen, durch anregende Diskussionen ihren Horizont erweitern und sich für die Erhaltung von Kunstwerken und Sammlungen engagieren. Zu ihren Bs zählten karitative Bemühungen und ihre Mitarbeit in der Elterngruppe der Schule ihrer Tochter. Alle anderen Aktivitäten waren Cs — auch die Leitung von Basaren, der freiwillige Dienst im Krankenhaus und die Mitwirkung bei musikalischen Darbietungen weiblicher Amateure.

In den nächsten Monaten entwickelte sie Stehvermögen und widerstand beharrlich jeder C-Versuchung. Dadurch gewann sie Zeit, um sich beispielsweise für das Kunstmuseum einzusetzen; sie konnte sogar ihre Kenntnisse über orientalische Vasen vertiefen. Auch initiierte sie die Neuorganisation des politischen Klubs ihres Stadtbezirks, was ihr viele Sympathien einbrachte.

Wie man Cs links liegen läßt

Sie können sich Zeit für Ihre As erkämpfen, wenn Sie die Zahl der Cs reduzieren, die Ihnen oft den Weg zu Ihren wahren Zielen verbarrikadieren.

Die erste Frage, die Sie sich bei C-Aufgaben stellen sollten, lautet nicht: »Was kann ich tun?«, sondern: »Was kann ich unterlassen?« Denken Sie an die Genugtuung, wenn Sie für eine C-Aktivität keinen Finger krumm machen müssen — es sei denn, um sie von Ihrer Aufgabenliste zu streichen! Bevor Sie sich sagen: »Ich muß dieses C erledigen«, sollten Sie sich künftig fragen: »Muß ich dieses C erledigen?«

Nehmen wir an, Ihre Liste fordert, daß Sie Ihren Wagen waschen. Sie haben dieses Ritual als C bewertet; dennoch sind Sie drauf und dran, sofort eine halbe Stunde dafür zu opfern — nur weil Sie nicht mehr daran denken und den Punkt von Ihrer Liste streichen wollen. Streichen Sie ihn unbesorgt und lassen Sie Ihren Wagen Wagen sein; vergessen Sie einfach Ihren Vorsatz oder erklären Sie Ihr Vorhaben für überflüssig.

Viele Cs können zu »CZs« degradiert werden — so nenne ich Cs, die sich ohne Schaden endlos aufschieben lassen.

Wenn Sie einen Zeitschriftenstapel ordnen, Ihre Gefrierkammer inspizieren (was Sie ständig tun), den Küchenboden schrubben (bevor sich Ihre Kinder darauf wälzen) oder die gesamte Morgenpost durchackern (die Ihre Sekretärin jeden Tag sortiert), dann verschwenden Sie Ihre Zeit mit typischen CZ-Aktivitäten. Wahrscheinlich kennen Sie noch viele Aufgaben, die sich nicht lohnen oder sich im Lauf der Zeit von selbst erledigen oder in Vergessenheit geraten sollten, bis sie eines Tages wieder aktuell werden.

Stürzen Sie sich nicht mit Feuereifer auf jedes beliebige C — warten Sie lieber ab, bis sich das eine oder andere in ein CZ verwandelt hat. Potentielle CZs sterben bisweilen eines natürlichen Todes. Jedenfalls sollten Sie nicht vorschnell handeln, wenn sich die Krise bereits abzeichnet. Sprengen Sie den Rasen, wenn sich Regenwolken ballen? Räumen Sie Schnee, wenn sich die Sonne zeigt? Bündeln Sie sorgsam vergilbte Zeitungen, wenn die Pfadfinder eine Altpapieraktion planen? Arbeiten Sie gewissenhaft ein Thema aus, das bei der Konferenz wahrscheinlich nicht zur Sprache kommt? Wenn Sie solche Fragen stets mit Ja beantworten, dann sind Sie ein potientieller CZ-Aktivist. Sie sollten es nicht bleiben.

Wenn ich nicht sicher bin, ob ich einen Punkt ignorieren kann, notiere ich mir die Angelegenheit auf einer Karteikarte, die ich in einem Ordner für potentielle CZs aufbewahre. Einmal im Monat nehme ich mir den Ordner vor und kann hinterher die meisten Karten in den Papierkorb werfen. Danach gratuliere ich mir herzlich zu den Dingen, die ich nicht zu erledigen brauche.

Viele Cs lassen sich mühelos und ohne leidige Folgen in CZs verwandeln. Andere Cs sind jedoch nicht zu umgehen: Selbst wenn man nur eintönige Routineaufgaben vernachlässigt, können schwerwiegende Konsequenzen eintreten. Solche Cs vermag man meist bereitwilliger zu akzeptieren, wenn man sie im größeren Zusammenhang sieht — wenn man erkennt, daß auch sie den Weg zu attraktiven A-Zielen markieren.

Wenn ein Regierungsangestellter stundenlang die Antwort konzipiert, die das bedeutungslose Schreiben eines bedeutenden Kongreßabgeordneten erheischt, so sollte er dies ohne Murren tun — für einen Regierungs-Subalternen erscheint es nicht geraten, den Zorn eines Kongreßabgeordneten auf sich zu ziehen. Und wenn ein Handelsvertreter fast den ganzen Morgen fieberhaft nach dem Verbleib eines Zwei-Dollar-Siebzehn-Cent-Artikels forscht, der die Lieferung an seinen besten Kunden ergänzen sollte, vermag ihn vielleicht der Gedanke an sein letztjähriges Einkommen zu trösten, das er zu 40% ebendiesem Kunden verdankt.

Wenn ein C zu einer Krise führt

Manche Cs — wie etwa das Tanken — müssen zwar nicht sofort erledigt werden, können jedoch zu einer Krise führen, wenn man sie zu lange auf die lange Bank schiebt. Lassen Sie einen fast vollen Tank auffüllen, so handeln Sie weniger klug, als wenn Sie die Füllung Ihres fast leeren Tanks veranlassen: Sie ersparen sich häufige Fahrten zur Tankstelle und gewinnen Zeit. Ersparen Sie sich jedoch allzu häufig die Fahrt zur Tankstelle, können Sie sehr viel Zeit verlieren: nämlich dann, wenn Sie auf verlassener Straße mit leerem Benzintank stehenbleiben und weit und breit keine Benzinquelle zu finden ist.

Ein Wort zur Warnung: Es ist kurzsichtig, die Prämien für die Feuerversicherung nicht zu bezahlen, weil man keine Brandgefahr sieht, oder das Aufsetzen eines Testaments hinauszuschieben, weil man gesund ist. Katastrophen und Sterbefälle pflegen sich meistens nicht anzukündigen; daher sollte man sie gelegentlich in seine Überlegungen einbeziehen. Nicht einmal das Wäschewaschen ist so nebensächlich, daß man es ungestraft auf die lange Bank schieben kann. Oder halten Sie es für angenehm, wenn Sie sich für eine elegante Party umziehen und plötzlich feststellen, daß Sie keine frische Unterwäsche mehr haben?

Denken Sie daran: Krisen aus trivialem Anlaß entstehen selten über Nacht. Meist werfen sie ihre Schatten voraus. Nehmen wir an, man hätte Sie um einen Routinebericht gebeten. Sie sehen vorerst darin eine C-Aufgabe, die möglicherweise in Vergessenheit geraten wird. Einige Tage später erinnert Sie eine Notiz an den Bericht. Sie kramen Ihre Unterlagen aus dem untersten Fach Ihres Schreibtisches und deponieren sie an einer zugänglicheren Stelle. Dann erreicht Sie eine telefonische Bitte um den Bericht, und Sie ernennen ihn zu einem B. Läßt Sie dann Ihr Chef wissen: »Morgen will ich den Bericht, oder Sie brauchen gar nicht erst zu kommen«, so sehen Sie sich plötzlich vor eine A-Aufgabe gestellt, die Sie im A-Tempo zu bewältigen haben — und ganz gewiß bewältigen werden.

Sie können genau beobachten, wie sich die Prioritäten solcher Aufgaben verändern. Die Erfahrung wird Sie lehren, daß nicht einmal ein einziges von hundert Cs eine Krise auslösen kann. Es wäre falsch, für den Fall eines Falles alle Cs zu erledigen; achten Sie vielmehr auf alle Anzeichen möglicher Schwierigkeiten. Dann können Sie die Krise immer noch im Keim ersticken.

Wenn Sie Arbeiten wie Staubwischen, Waschen und Aktenordnen um einen Tag aufschieben können, so sollten Sie das tun. Auf diese Weise werden Sie in Ihrem Leben nicht so häufig Staub wischen, waschen und Akten ordnen. Üben Sie sich in C-Aktivitäten-Abstinenz, werden sich zahlreiche Cs allmählich in CZs verwandeln. Stellen Sie sich stets die Frage: »Welche Folgen hätte es, wenn ich mich um dieses C nicht kümmern würde?« Lautet die Antwort: »Gar keine« oder wenigstens: »Keine katastrophalen«, so lassen Sie das C C sein und nehmen sich Ihr nächstes A vor.

Sie brauchen eine C-Schublade!

Ihre As, Bs und Cs brauchen den Platz, der ihnen gebührt. Lassen Sie Ihre As nicht von der Masse Ihrer Cs erdrücken; geben Sie ihnen lieber einen bevorzugten Platz auf Ihrem Schreibtisch. Richten Sie eine »C-Schublade« ein, damit Belangloses in der Versenkung verschwinden kann. Haben Sie schon eine C-Schublade, sehen Sie sich nach einer größeren um — oder gleich nach einem Schrank, der all Ihre C-Berge aufnimmt. Beginnen Sie damit, daß Sie Ihre Unterlagen in einen A-Stapel, einen B-Stapel und einen gewaltigen C-Stapel trennen. Schlagen Sie dann Ihre B-Papiere entweder dem A- oder dem C-Stapel zu und legen Sie schließlich die As auf den »A-Platz« und die Cs in die »C-Schublade«.

Haben Sie Ihren Schreibtisch seit Monaten nicht aufgeräumt, so entfernen Sie alles von der Platte und aus den Schubladen und legen es auf einen anderen Tisch. Bei der Durchsicht Ihrer Papiere werden Sie wahrscheinlich As, Bs und Cs finden; gewiß stoßen Sie aber auch auf Unmengen unbrauchbaren Materials, das Sie in den Papierkorb werfen können. Ihre Aktion läßt sich als Erfolg bezeichnen, wenn Sie die Papierkörbe Ihrer Kollegen borgen müssen, um allen Ballast abzuwerfen. Wenn Sie Hausfrau sind und wenn Sie, wie so viele Hausfrauen, keinen Schreibtisch besitzen, dann haben Sie wahrscheinlich das gleiche Problem wie Mrs. Jones. Mrs. Jones barg Schriftliches in einer Schublade: die Post, persönliche Notizen, Zeitungsausschnitte, Stundenpläne ihrer Kinder, Terminvereinbarungen, Coupons, Ankündigungen von Ausverkäufen, unbezahlte Rechnungen, bezahlte Rechnungen, Belege von bezahlten Rechnungen, Abonnements, Aufzeichnungen zu einem Kurs »Chinesische Geschichte« (den sie vor Jahren absolviert hatte), Geburtstagskarten, außerdem Bänder, Schnüre und ähnliche Utensilien.

Mußte sie einen Brief beantworten, wühlte sie zunächst geraume Zeit in ihrer Schublade, bis sie das gesuchte Schriftstück endlich in ihren Händen hielt. Die gleiche Wühlarbeit hatte sie in schöner Regelmäßigkeit zu leisten, wenn sie in den ersten Tagen eines jeden Monats unbezahlte Rechnungen bezahlen wollte. Schließlich näherte sie sich der Schublade nur noch mit Grausen; selbst dringende Schreibarbeiten ließ sie lange Zeit unerledigt, weil sie der Gedanke an die Suche schreckte.

Die Lösung ihres Problems schien einfach. Und sie *war* einfach — nur nicht für sie, die völlig den Überblick verloren hatte. Ich schlug ihr vor, sich einen Karton zu besorgen, der hundert Umschläge aufnahm. In einen Umschlag kamen Rezepte, in einen zweiten Rechnungen, in einen dritten Briefe, die sie beantworten mußte, in einen vierten Briefe, die sie aufbewahren wollte; in weitere kamen Anregungen für ihr Make-up, Strickanleitungen, wichtige Ankündigungen, Kinderbilder, Reisepläne, Bücherlisten und andere Unterlagen. Nun war ihr Wirrwarr wohl geordnet, und es fiel ihr leicht, jede Notiz einzuordnen und wiederzufinden. Wollte sie Briefe beantworten, mußte sie nicht mehr lange Briefe suchen; ein Griff in den »Briefe«-Umschlag genügte.

Sicher ordnen viele Hausfrauen ihre Unterlagen nach irgendeinem Schema. Vor allem kommt es darauf an, die As von den Cs zu trennen. Führen Sie eine umfangreiche Korrespondenz, sollten Sie vielleicht auch Ihre Briefe in A-, B- und C-Ordnern aufbewahren.

Jeder Hausfrau ihren Schreibtisch!

Auch der beste Karton, auch der schönste Ordner kann keinen Schreibtisch ersetzen. Eine Hausfrau hat auch Schreibarbeiten zu erledigen, und sie kann einen angemessenen Arbeitsplatz beanspruchen. Ich kenne Einrichtungsbeispiele, die diese Forderung berücksichtigen: Im Wohnzimmer kann ein Schreibtisch mit einer Lampe darauf einen anderen kleinen Tisch am Sofaende ersetzen; eine ungenutzte Ecke in der Küche kann in einen Platz für Schreibarbeiten umgewandelt werden, Küchenschubladen können schriftliche Unterlagen aufnehmen. Ich begrüße es, wenn man der Hausfrau solche Möglichkeiten bietet. Sie braucht optimale Voraussetzungen für ihre Arbeit — die nicht nur aus Geschirrspülen und Wäschewaschen besteht. Der Inhaber eines großen Bekleidungsgeschäfts befürchtete, eines Tages in der Papierflut zu ertrinken, die täglich über ihn hereinbrach. Auf seinem Schreibtisch türmten sich Informationen über neue Modetrends, Bestellformulare und Bestandsverzeichnisse zahlreicher Hersteller, Vorschläge zur Werbung und Verkaufsförderung, die seine Werbeagentur, lokale Zeitungen und Runkfunksender unablässig unterbreiteten, Steuerformulare und Gehaltslisten. Es erschien ihm unumgänglich, daß er die Post eigenhändig öffnete und jeden Brief in Augenschein nahm. Daneben ließ er pausenlos Notizen zirkulieren, die in jedem Bereich seines Geschäfts Verbesserungen bewirken sollten.

Er ordnete seine Papiere ständig neu; oft war er sich nicht schlüssig, wie er mit einem Schriftstück verfahren sollte. Auch hing sein Herz an all den ausgezeichneten Ideen, die ihm schriftlich übermittelt wurden. Er wußte, daß er keine ABC-Prioritäten setzte, und der Papierstapel auf seinem Schreibtisch wuchs in ungeahnte Dimensionen.

Ich half ihm, sein Problem zu lösen: Ich schlug ihm vor, die tägliche Post nach Prioritäten zu ordnen. Dann sollte er sich den Stapel vornehmen, oben beginnen (wo das Wichtigste lag) und sich langsam durcharbeiten. Die B- und C-Papiere, zu denen es an diesem Tag nicht reichte, wanderten in seine rechte Schublade. Am nächsten Tag begann er mit der neuen Post, und wenn es seine Zeit erlaubte, griff er anschließend in die rechte Schublade und arbeitete den Rest von gestern auf — oder doch einen Teil davon. Oft machte er sich abends Gedanken, weil er noch nicht bis zu einem bestimmten Schreiben vorgedrungen war; am nächsten Morgen holte er es dann aus seiner Schublade und legte es zu seinem Stapel für diesen Tag. Gelegentlich kam eine Nachfrage in einer Angelegenheit, die er noch nicht geprüft hatte; dann griff er wieder in seine Schublade, entnahm ihr die fraglichen Unterlagen und legte sie zu seiner laufenden Post.

Es war nicht anders zu erwarten: 80% der Papiere, die in die Schublade wanderten, blieben auch dort. Die restlichen 20% kamen wieder auf den Schreibtisch und wurden in die Tagesarbeit einbezogen.

War die Schublade voll, sollte er sämtliche Papiere herausnehmen und in einer anderen Schublade rechts unten unterbringen. Nach drei Wochen paßte in die mittlere Schublade wieder nichts mehr hinein. Darauf ging er den Inhalt der unteren Schublade durch und warf alles weg, was er nicht mehr brauchte. Das wiederholte sich etwa alle vierzehn Tage oder eben dann, wenn es sich als nötig erwies.

Der Papierkorb

Im Lauf der Zeit fand er heraus, daß es Papiere gab, die man am besten dem Papierkorb anvertraute. Die meisten Papiere, die er aus der Schublade rechts unten holte, hatten dieses Schicksal zweifellos verdient; doch er zögerte noch immer, etwas wegzuwerfen. So schlug ich ihm vor, die Schriftstücke in einem Ordner aufzubewahren, der etwa die Aufschrift trug: »Cs aus der Schublade rechts unten, 1.—30. September«. Weitere Papiere wanderten in weitere Ordner, die hinter dem ersten Ordner in einem großen Aktenschrank Platz fanden. So fuhr er fort, die Schriftstücke der Schublade rechts unten Ordnern anzuvertrauen, in denen die Papiere dann ein Jahr lang aufbewahrt wurden. Wenn er den Ordner des letzten Jahres herausholte, schaffte er Platz für seinen neuen Ordner; und wenn er den Inhalt seines alten Ordners überflog, konstatierte er befriedigt, daß er gut daran getan hatte, viele Dinge nicht zu tun. Jetzt fiel es ihm leicht, das Gros dieser Papiere wegzuwerfen. Nur das eine oder andere Schriftstück, das ihm weiter aufbewahrenswert erschien, wurde der Post eines Tages zugeteilt. Wenn er sich nicht schon am gleichen Tag damit befaßte, kam es in die mittlere Schublade.

Nach einem Jahr zeigte sich klar, daß er sich viel harte Arbeit erspart hatte, die nicht der Mühe lohnte. So brauchte er sich keine Gedanken mehr zu machen, wie sich die Regale für Pullover attraktiver gestalten ließen; denn die Regale wurden entfernt und durch Gestelle ersetzt. Auch erwies es sich als überflüssig, weitere Ideen zum Verkauf von Modeschmuck zu produzieren; denn der Verkauf von Modeschmuck wurde eingestellt. Die mangelhaften Leistungen des neuen Lehrlings brauchten nicht Gegenstand der Kritik zu bleiben; denn der Lehrling kündigte.

Wie man seine Papierflut eindämmt

Es ist unnötig, Papiere ständig hin- und herzuschieben. Das bedeutet nicht, daß man sich nicht eingehend mit Schriftlichem zu befassen hätte. Doch Sie können ein System entwickeln, in dem alle Unterlagen ihren festen Platz haben. Ihre Papierflut läßt sich eindämmen; Sie brauchen nicht in ihr zu ertrinken. Ihr System muß schriftliche Eingänge und Ausgänge berücksichtigen — und alles, was sich zwischen Eingängen und Ausgängen abspielt.

Eingehende Post sollte gesiebt und sortiert werden. Sehen Sie einige Tage lang Ihre gesamte Post kritisch durch. Registrieren Sie jede Möglichkeit, ihr Volumen zu reduzieren (vielleicht könnte eine nicht mehr aktuelle Folge von Berichten eingestellt werden). Sie können Ihrer Sekretärin sagen, welche Art von Schriftstücken routinemäßig aussortiert und weggeworfen werden soll, welche Papiere weiterzuleiten sind und was ohne weitere Prüfung in die Ablage kommt.

Ein Geschäftsführer läßt seine Sekretärin die tägliche Post in Umschläge stecken, auf denen »Aktion«, »Information« und »Zurückgestellt« steht. Dem Umschlag »Aktion« widmet er sich sofort. Den Umschlag »Information« steckt er in seine Aktentasche, um sich im Zug seiner anzunehmen. Der »Zurückgestellt«-Umschlag (der auch seine Zeitschriften enthält) kommt in eine Schublade und wird immer dann herausgeholt, wenn er etwas Zeit hat oder für einen Augenblick dem Streß entrinnen will.

Sie können schnellere Entscheidungen fördern und die Arbeit überhaupt beschleunigen, wenn sie eingehende Briefe mit einer Notiz versehen und sie sofort zum »Ausgang« legen. Muß Ihre Korrespondenz jederzeit greifbar sein, lassen Sie sich von Ihrer Sekretärin Fotokopien anfertigen.

Erfordert ein Brief eine sorgfältig formulierte oder ausführliche Antwort, empfiehlt sich eine Diktiergerät. Wer gelernt hat, auf Anhieb fehlerfrei zu diktieren, freut sich immer wieder über den Zeitgewinn. Ich kenne einen leitenden Angestellten, der noch mehr Zeit spart: Er diktiert nur die wesentlichen Punkte und überläßt es seiner Sekretärin, den Brief in seinem Sinne endgültig zu formulieren.

Nur einmal, mit Gefühl!

Eine meiner besten Regeln lautet: »Nimm jedes Blatt Papier nur einmal in die Hand.« Schieben Sie keinen eingehenden Brief beiseite, ohne ihn — falls eine Antwort nötig ist — beantwortet zu haben. Spontane Reaktionen treffen meist den

Kern und sparen Zeit: Es lohnt sich nicht, denselben Brief dreimal zu lesen.

Nicht alle Schriftstücke lassen sich indes spontan und schnell bearbeiten. Wochen, ja Monate können vergehen, zeitraubende oder zeitlich differierende Anstrengungen mögen vonnöten sein, ehe gewisse Papiere in die Ablage gelangen. In manchen Fällen zählt jedes Wort, und Sie tun gut daran, jedes Wort sorgsam abzuwägen. Manche Entscheidungen müssen langsam reifen; nehmen Sie sich Zeit und denken Sie in aller Ruhe nach.

Deshalb will ich die Nur-einmal-Regel erweitern und modifizieren: »Nimm jedes Blatt Papier *nach Möglichkeit* nur einmal in die Hand. Mußt du es mehrmals in die Hand nehmen, so nimm es *niemals* umsonst in die Hand; unternimm jedesmal etwas, was dich in der Sache vorwärtsbringt.« Auch wenn kein großer Fortschritt zu erzielen ist — selbst der kleinste Schritt zählt.

Wenn Sie ein Schriftstück überflogen haben, könnten Sie sich beispielsweise sagen: »Unangenehme Geschichte. Ich kann mich jetzt nicht damit abgeben, doch wenn mir das Ding wieder in die Hände kommt, rufe ich an und sehe zu, daß die Sache ins Rollen gerät.« Wenn Sie das tun, haben Sie wenigstens etwas getan. Nichts spricht dagegen, gute Vorsätze zu fassen — nur sollte man nicht vergessen, sie gelegentlich auch auszuführen.

Machen Sie sich aber auch nicht mehr Arbeit, als wirklich erforderlich ist. Eine Sekretärin litt unter der Perfektionssucht ihres Chefs; selbst die belanglosesten Briefe schienen zumindest drei Entwürfe zu erfordern. Sie hatte allerdings auch die Gewohnheit angenommen, ihm fehlerhafte Entwürfe vorzulegen, die ohnedies korrigiert werden mußten.

Erwarten Sie von Ihrer Sekretärin, daß sie Ihnen stets versandfertige Briefe vorlegt. Fragen Sie sich vor jeder Änderung, ob sie den Aufwand rechtfertigt. Übertriebenen Perfektionismus dämpft auch die Überlegung, ob der Brief eher rechtzeitig in die Hände des Adressaten gehört oder in Ihrem Büro eine Ewigkeit der letzten Korrekturen harren soll.

Wenn Sie sich das nächstemal dabei erwischen, daß Sie unnötig Papiere hin- und herschieben, dann denken Sie daran, daß die wichtigsten Dinge oft überhaupt nicht schriftlich vorliegen. Fragen Sie sich nach den Hintergründen des vorliegenden Schriftstücks und überlegen Sie, wie Sie die Situation meistern könnten, wenn Sie den schriftlichen Ballast abwürfen. Haben Ihre Überlegungen dann zu Ergebnissen geführt, so handeln Sie — sofort!

Wie man die Informationsflut kanalisiert

Viele Leute setzen auch dann keine ABC-Prioritäten, wenn es darum geht, mit den neuesten Entwicklungen auf ihrem Gebiet und im allgemeinen Schritt zu halten. Wenn man eine begrenzte Zeitspanne voraussetzt: Wie oft, wie lange liest man Tageszeitungen, Wochenschriften, Monatsmagazine, Bücher? Lesen Sie eine Stunde täglich Ihre Zeitung, eine Stunde wöchentlich Zeitschriften, eine Stunde im Monat Bücher und ähnliche gewichtige Publikationen? Oder lassen Sie Tagesereignisse unbeachtet und widmen sich Monatsschriften und Büchern Ihres Spezialgebiets?

Es gibt keine »richtige« Antwort auf solche Fragen; die Entscheidung liegt bei Ihnen. Ich bin nur dafür, daß Sie sich bewußt entscheiden und entsprechend handeln. Wollen Sie nur zehn Minuten täglich Zeitung lesen und zieht sich die Lektüre dennoch über eine Stunde hin, so sollten Sie den Zehn-Minuten-Vorsatz nochmals überprüfen. Vielleicht beschließen Sie dann, Zeitungsinformationen höher einzustufen.

Viele leitende Angestellte haben — so behaupten sie — zuwenig Zeit für Bücher, von denen sie beruflich profitieren könnten. Ihrer Zeitung widmen sie sich jedoch unentwegt. Zeitungen werden allgemein konsumiert, sind für wenig Geld täglich an jeder Ecke zu erwerben und dienen der Unterhaltung ebenso wie der Information. Bücher kauft man erst nach einer gewissen Überlegung; sie kosten sehr viel mehr, gelten als »gewichtig« und werden »ernsthaft« gelesen. So konsumieren viele jährlich Hunderte von Zeitungen und widmen sich kaum einem Buch.

Lesen Sie Bücher wie Ihre Zeitung!

Sie glauben, durch Bücher könnten Sie bei Ihrer Arbeit profitieren? Dann versuchen Sie, Bücher wie Zeitungen zu lesen. Gehen Sie dabei folgendermaßen vor: Geben Sie Ihrer Sekretärin eine Bücherliste. Sie soll jeden Tag eines der verzeichneten Bücher zu Ihren schriftlichen Eingängen legen und das Buch von gestern entfernen. Es macht nichts, wenn ein Buch ungelesen Ihren Schreibtisch verläßt; früher wäre es vielleicht gar nicht erst auf Ihren Schreibtisch gekommen.

Wenn Sie sich ein Buch vornehmen, lesen Sie zuerst die eventuellen Hinweise des Umschlags und den Klappentext, die wertvolle Aufschlüsse geben können. Dann blättern Sie das Buch durch und entdecken vielleicht interessante Stellen. Sie sollten sich dafür nicht mehr Zeit nehmen, als die Lektüre Ihrer Zeitung erfordert.

Sach- und Fachbücher entstehen oft auf eine bestimmte Art und Weise, die eine bestimmte Art und Weise nahelegt, in der man sich ihren Inhalt aneignen kann. Der Autor schlägt zunächst sein Thema an und umreißt es in einigen Sätzen, die sich als unsichtbarer Leitfaden durch das ganze Buch ziehen. Er verleiht seiner Aussage Konturen und breitet seine Gedanken aus — bis er den Umfang erreicht hat, den er oder andere für angemessen halten.

Sie sollen nun ein solches Buch lesen, auch wenn es fünfhundert Seiten und mehr umfaßt; Sie sollen seine Hauptgedanken aufspüren und für Ihre Praxis verwerten. Das Vorwort, das Inhaltsverzeichnis und vielleicht zusätzliche Zusammenfassungen erleichtern Ihnen diese Aufgabe und ermöglichen alsbald wesentliche Einblicke. Lesen Sie nur Passagen, in denen Sie wirklich Bedeutsames wittern. So können Sie in überraschend kurzer Zeit großen Gewinn aus einem Buch ziehen.

Diese Methode vermag die Quantität wie auch die Qualität Ihrer Lektüre zu steigern. Da auf Ihren Schreibtisch viele Bücher kommen, können Sie Uninteressantes unbesorgt beiseite legen. Ebenso finden Sie unter den zahlreichen Publikationen gewiß einige, die eine intensivere, mehrstündige Lektüre lohnen.

In kurzer Zeit vergißt man viel — auch von den Büchern, die man liest. Würden Sie deshalb ein Buch von vorn bis hinten lesen, könnten Sie später ohnedies nur wenig rekapitulieren. Wenn Sie den Inhalt eines Buches wiedergeben wollen, so nennen Sie gewiß nur wenige Punkte, die noch in Ihrem Gedächtnis haften und Ihnen erwähnenswert erscheinen. Sie vergessen ja doch vieles — sparen Sie also Zeit, indem Sie selektiv vorgehen und nur das lesen, was Sie behalten wollen und können.

Mit den Jahren hat sich bei Ihnen vielleicht eine kleine Bibliothek angesammelt. Einst mögen Sie die Bücher sorgfältig studiert haben, doch im Lauf der Zeit ist vieles in Vergessenheit geraten. Nun können Sie die Bände noch einmal wie eine Zeitung überfliegen, um Ihre Erinnerung aufzufrischen.

Gelegentlich stoßen Sie auf ein Buch, das Ihnen vielleicht später weiterhelfen könnte. Lesen Sie es nicht jetzt; sonst haben Sie das meiste schon vergessen, wenn Sie sich daran erinnern sollen. Es genügt eine Notiz, die Ihre Sekretärin aufbewahrt, um zu gegebener Zeit auf das Buch zurückzukommen. Ein Wissenschaftler, auf dessen Schreibtisch sich vormals Bücherberge türmten, ging dazu über, jedes Buch durch Einträge auf Karten zu ersetzen; jetzt hat er an seinem Schreibtisch Platz zum Lesen.

Erscheint Ihnen diese Art der Lektüre zu oberflächlich, so kann sie Ihnen doch zu einem guten Start verhelfen. Nützliche neue Gedanken lassen sich manchmal sofort erfassen. Vielleicht stellen Sie auch fest, daß Ihre »Pflicht«-Lektüre mit der Zeit mehr Spaß macht — denn jetzt brauchen Sie weniger Zeit, um mehr zu lesen.

Müssen Sie schneller lesen?

Je schneller Sie lesen, desto mehr Zeit sparen Sie — aber nur vorläufig. Denn auf die Dauer gelingt es meiner Ansicht nach nur wenigen Absolventen von Schnellesekursen, Ihre Lesegeschwindigkeit nennenswert zu erhöhen. Nach dem Kurs können sie ein paar Wochen lang schnell lesen; doch wenig später verfallen die meisten wieder in ihre frühere, gemächliche Gangart. Müssen Sie viel lesen, mag ein solcher Kurs von Nutzen sein; wer mindestens zwei Stunden täglich liest — das haben Untersuchungen ergeben —, der bleibt in Übung und entwickelt sich möglicherweise zum beständigen Hochleistungsleser.

Mir scheint es dennoch sinnvoller, wenn Sie Ihren Lesestoff mit Bedacht verwerten, als wenn Sie Ihre Lesegeschwindigkeit überschreiten. Mit anderen Worten: Geben Sie die unbefriedigende, unergiebige, unverwertbare und uninteressante C-Lektüre auf und verwenden Sie die gewonnene Zeit und Energie auf Ihre A-Lektüre (ohne daß Sie dabei schneller lesen müßten). Wenn Sie weniger Zeit mit Cs vergeuden, gewinnen Sie mehr Zeit für Ihre As.

Meine Frau und ich lesen einander gerne vor; einer liest, der andere hört zu. Auf diese Weise lesen wir alljährlich rund zwanzig Bücher. Läse jeder von uns still für sich, würden wir mit einem Bruchteil der Zeit auskommen, wenn es uns nur um Effizienz ginge. Ich erzähle Ihnen dies, um Ihnen zu zeigen, daß die wirksamste Methode nicht unbedingt die beste ist. Es ist höchst uneffizient, laut zu lesen — aber eine großartige Methode, Zeit gemeinsam zu verbringen.

11

Wie man sich selbst und seine Mitmenschen bei Laune hält

Was Sie aus Ihrer Zeit machen, erregt gelegentlich den Unmut Ihrer Mitmenschen; Unternehmungen, die Ihnen Freude machen, stimmen andere traurig. Jedermann freut sich, wenn man ihm Aufmerksamkeit schenkt, und es sind viele, die auf Ihre Aufmerksamkeit pochen. Das erfordert Zeit — mehr Zeit, als Sie haben. Besuchen Sie nicht alle Klassenfeste Ihrer Tochter, wird sie gewiß enttäuscht sein. Weicht Ihre Skatleidenschaft kalter Verachtung und sprengen Sie die wöchentliche Skatrunde durch Nichterscheinen, so müssen Sie den Groll Ihrer bisherigen Skatbrüder gewärtigen. Geben Sie es auf, einem bedingt einsatzfähigen Mitarbeiter Dinge zu erklären, die er doch nie begreifen wird, so kann Ihre Resignation bei dem Aufgegebenen Empörung auslösen. Erledigen Sie erst den Eilauftrag von Smith, ehe Sie sich der Bestellung von Jones zuwenden, so steht zu erwarten, daß Mr. Jones alsbald seinem Ärger Luft macht beziehungsweise durch einen Schlaganfall daran gehindert wird, und in dem einen wie dem anderen Falle mag sich eine Auslieferung letztlich erübrigen.

Soll man ein eigenes A zurückstellen, wenn andere von einem anderes erwarten? Eine heikle Frage, die nicht pauschal zu beantworten ist. Einfach etwas zu tun, was Ihnen als C, Ihrem Ehepartner, Ihrem Chef oder einem anderen Mitmenschen jedoch als A erscheint, mag unter Umständen weniger Zeit in Anspruch nehmen, als wenn Sie eine ausführliche Erklärung abgeben, weshalb Sie das A des anderen als C werten.

Andererseits wollen Sie sich auch nicht ständig die As der anderen aufladen. Sie können niemals alles tun, was alle anderen von Ihnen fordern; Sie haben einfach nicht genügend Zeit. Setzen Sie Prioritäten — richten Sie sich danach, wie wichtig »der andere« für Sie ist und welche Konsequenzen eine Nichterfüllung seiner Forderung haben könnte. Wenn der andere — oder sein Anliegen — keine Rolle für Sie spielt, mögen Sie sich dazu entschließen, seine Forderung (zumindest vorläufig) ad acta zu legen. Manche Zeitgenossen, die Sie hin und wieder zur Aktion auffordern, sind ziemlich vergeßlich oder ändern häufig ihre Prioritäten — so daß es sich von selbst erübrigt, ihre C-Forderungen zu erfüllen.

Neinsagen lernen

Die beste Lösung besteht manchmal darin, daß man sofort nein sagt. Ein rechtzeitiges, berechtigtes, höfliches Nein kann Ihnen viel Zeit sparen. Es kommt darauf an, daß Sie andere nicht Ihre Zeit vergeuden lassen. Sagen Sie nachdrücklich nein — doch suchen Sie den Eindruck zu vermeiden, Sie seien rücksichtslos oder unfair. Das ist oft leichter gesagt als getan.

Sie können dem anderen sagen, Sie verstünden durchaus, wie wichtig ihm diese Aktivität erscheint — doch leider hätten Sie zuviel zu tun, um ihm jetzt zu helfen. Entschuldigen Sie sich, wenn es Sie erleichtert; erwähnen Sie das eine oder andere A, das bereits Ihre volle Aufmerksamkeit beansprucht. Vielleicht bringen Sie ihn soweit, daß er die Angelegenheit mit Ihren Augen sieht; vielleicht entschuldigt *er* sich gar dafür, daß er *Ihre* Zeitpläne durchkreuzen wollte.

Manchen Menschen fällt das Neinsagen unsagbar schwer. Mrs. Fillmore — eine meiner Klientinnen — mußte erkennen, daß sie den größten Teil ihrer Zeit nach den Prioritäten anderer Leute ausrichtete. Als wir ihre Situation gemeinsam betrachteten, kamen wir beide zu dem Ergebnis, daß sie eben ja sagte, weil sie ihre eigenen Prioritäten nicht entschieden vertreten konnte; sie fürchtete sich einfach davor. Vielleicht stammten ihre Schwierigkeiten noch aus ihrer Kindheit. Ihre dominierenden Eltern hatten ihren Handlungsspielraum immer eng begrenzt und ihr nicht nur befohlen, *was* sie tun sollte, sondern auch, *wann* sie dies und jenes zu tun hatte.

Im Verlauf unseres Gesprächs wurde ihr allmählich klar, daß ihr Jasage-Komplex nichts mit echter Fairness andern gegenüber zu tun hatte. Sie sagte selbst dann ja, wenn es höchst zweifelhaft erschien, daß sie ihre Zusage auch einhielt. In einem Fall enttäuschte sie jemand, der wirklich zählte – und der ganz anders disponiert hätte, wäre ihm bewußt gewesen, daß ein Ja von Mrs. Fillmore nur »Vielleicht« bedeutete. Die erkannte Tatsache, daß ein klares Nein allen Betroffenen dienlicher war als ein Ja, dem keine entsprechende Aktion folgte, half Mrs. Fillmore bei der Lösung ihres Problems. Auch auf andere als Mrs. Fillmores Weise kann man ein deutliches Nein umgehen. Der Beamte, der Ihre Bitte »sofort« erfüllen will (oder auch nicht erfüllen will), der Kollege, der guten Willen demonstriert, jedoch nie zur Tat schreitet, der Angestellte, der angeblich gar nicht weiß, daß Sie ihn je um etwas gebeten haben – sie alle verschwenden Ihre Zeit und ihre eigene dazu, weil sie das Neinsagen nicht gelernt haben. Wer ja sagt, weil er nicht nein sagen kann, aber handelt, als hätte er nein gesagt, der handelt unverantwortlich, sich selbst und anderen gegenüber. Er gefährdet sein Fortkommen und beeinträchtigt die Aktivitäten der anderen – offiziell und privat, im Beruf und in der Freizeit.

Ihr Ehepartner, Ihr Chef, Ihr Kind, Ihr Vater, Ihre Mutter, Ihr bester Freund — sie alle stellen Forderungen, die sie nicht immer erfüllen wollen. Doch die Beziehung zu diesen Menschen macht es Ihnen schwer oder unmöglich, einfach nein zu sagen. Dann können Sie nach einem Kompromiß suchen. Oft läßt sich der andere zufriedenstellen, ohne daß man seinen eigenen Prioritäten völlig entsagen muß.

Bittet Sie jemand, sofort etwas für ihn zu tun, wird ihm oft mehr an unverzüglicher Aktion als an Perfektion gelegen sein. Finden Sie seine zeitlichen Anforderungen an Sie akzeptabel, so halten Sie nach Abkürzungen Ausschau. Verlangt Ihr Chef unerwartet einen unverzüglichen Bericht über den Umsatz dieses Monats, dürfte er sich wohl mit einer kurzen Übersicht zufriedengeben — wenn sie ihm nach kürzester Frist vorliegt. Bittet Sie Ihre Tochter, ihr vor einer Party schnell noch ein Kleid zu nähen, schlagen Sie ihr einen Rock vor, der weniger Zeit und Mühe erfordert.

Man mag sich oft rein gewohnheitsmäßig an Sie wenden, da Sie sich für bestimmte Aufgaben geradezu anbieten, die Sie von jeher willig versehen haben. Vielleicht haben Sie sich stets um die Lebensmittel und die Mahlzeiten der Familie gekümmert, doch jetzt — die Kinder sind älter geworden — haben Sie eine gute Stellung gefunden. Nun muß sich die Familie daran gewöhnen, daß Mutter nicht mehr alles macht; die Anpassung an die neue Lage geschieht vielleicht dadurch, daß sich jeder abwechselnd um das Essen zu kümmern hat.

Einen unzufriedenen Kunden ihrer Firma können Sie an die Kundendienstabteilung verweisen; erklären Sie ihm, daß man dort seine Angelegenheit schneller regeln würde, als Ihnen das möglich wäre.

Eine weitere Möglichkeit zur Lösung von Prioritätskonflikten (des einen A, des anderen C) bieten Absprachen. Werden Ihre eigenen Belange zu Hause stets gestört, setzen

Sie sich mit Ihrem Ehepartner zusammen und stellen eine Liste Ihrer jeweiligen Haushaltspflichten auf. Dabei mag Ihr Partner möglicherweise einsehen, daß seine zeitlichen Anforderungen an Sie überhöht sind. Vielleicht wird ihm diese Tatsache nun überhaupt zum erstenmal bewußt, und Sie können Ihre Pflichten Ihrer Lage anpassen und mehr Zeit für Ihre As gewinnen.

Wenn Sie mit einem Kollegen gemeinsam eine Aufgabe zu lösen haben, dann beginnen Sie damit, Ihre und seine Aufgabenliste zu überprüfen. Stellen Sie fest, welchen Punkten Sie beide hohe Priorität zubilligen. Versuchen Sie dann, die Basis Ihrer Übereinstimmung zu erweitern: Sprechen Sie die Punkte durch, deren Priorität sie verschieden beurteilen. Erläutern Sie Ihre Ansicht und versuchen Sie den anderen zu überzeugen, daß seinem vermeintlichen A in Wirklichkeit nur C-Bedeutung zukommt. Hören Sie auch ihm aufmerksam zu und versuchen Sie seine Argumente zu verstehen. Seien Sie bereit, Ihr eigenes Prioritätsbewußtsein zu verändern, wenn der andere überzeugend darlegt, daß Ihr »C« tatsächlich ein A ist.

Kann eine Übereinkunft nicht erzielt werden, empfehlen sich »Tauschgeschäfte«. Bieten Sie ihrem Kollegen an, sich um sein A zu kümmern (obwohl Sie nicht viel davon haben), wenn er eines Ihrer As erledigt. Umgekehrt läßt sich auch sagen: »*Dies* werde ich nicht von Ihnen verlangen, wenn Sie *das* nicht von mir verlangen.« Ein solcher Handel ist keineswegs kindisch, können Sie sich doch auf diese simple Weise gegenseitig von zeitraubenden Cs befreien.

Wann haben Sie für wen (oder was) Zeit?

Wenn mehrere Menschen im Wettbewerb um Ihre Zeit und Aufmerksamkeit stehen, verteilen Sie Ihre Zeit am besten nach einem System, das allen gegenüber fair erscheint. Die

Stenotypistin, die für ein halbes Dutzend Leute arbeitet, erfüllt ihre Aufgaben in der Reihenfolge, in der sie gestellt werden. Wenn Mr. Bracken mit einem besonders dringenden Auftrag kommt, wendet sie sich ihm sofort zu. Wenn zwei Mitarbeiter gleichzeitig und »sofort« ihre Dienste benötigen, kann sie im Augenblick nicht beiden gerecht werden. Aber sie kann ihre eigenen Prioritäten setzen, auf den Konflikt hinweisen und ihn durch die Kollegen austragen lassen oder die Entscheidung ihrem Vorgesetzten überlassen.

Eine faire Zeitverteilung kann besonders im Umgang mit Kindern wichtig sein, die sich oft die Zeit und die Zuwendung der Eltern streitig machen. Ein Beispiel: Ein Platz an unserem Eßtisch — neben meiner Frau und mir — wird von jedem unserer Kinder bevorzugt. Wenn es nach uns ginge, könnten alle Kinder gleichzeitig neben uns sitzen; doch das geht eben nicht. Um allen gerecht zu werden, dürfen sie abwechselnd den Ehrenplatz einnehmen. Nach einem einfachen System: Wir teilen das Datum des Tages durch drei. Bleibt kein Rest, ist unser jüngstes Kind David an der Reihe; bei »Rest eins« kommt Diane auf den Ehrenplatz; ergibt sich »Rest zwei«, darf die Älteste, Carol, neben uns sitzen.

Für die Schlafenszeit haben wir eine andere Lösung gefunden, die jedem Kind den gleichen Anteil an Zuwendung sichert. Glücklicherweise gehen alle zu verschiedenen Zeiten ins Bett. Meine Frau stellt einen Zeitmesser, und vor dem Schlafengehen erhält jedes Kind eine Viertelstunde lang die ungeteilte elterliche Aufmerksamkeit.

Welche der zahlreichen Strategien Sie auch anwenden, um nicht in der Flut der Forderungen anderer unterzugehen: Freundlichkeit macht sich dabei immer bezahlt. Und wenn Sie sich besonders bemühen, andere Menschen und ihre zeitlichen Bedürfnisse zu respektieren, werden sie wohl auch Sie und Ihre Zeit angemessen beachten.

Und gewinnen Sie dadurch nicht genau das, was Sie wollen — Zeit für sich und Ihre Angelegenheiten?

12

Wie Sie Zeit für ungestörte Arbeit finden

Sie wollen gründlich nachdenken und haben sich eigens dafür auf Ihrem Terminkalender Zeit reserviert. Nun kommt es darauf an: Wird man Sie in Ruhe lassen, damit Sie sich wirklich konzentrieren können? Wer in einem Büro arbeitet, weiß aus leidvoller Erfahrung: Wer ungestört sein will, ist keineswegs vor Störungen gefeit; Besucher und Anrufer kapitulieren nicht kampflos vor Ihrer unsichtbaren Bannmeile. Sind Sie überhaupt sicher, daß Sie — vorübergehend — jeden Kontakt zu Ihrer Umwelt abbrechen wollen? Die meisten Menschen brauchen die Nähe anderer Menschen, um angeregt arbeiten zu können. Wichtig ist jedenfalls zu wissen: Es gibt Mittel und Wege, das Problem der ungestörten Arbeit zu lösen.

Die Frage: »Haben Sie eine Minute Zeit?« sollte man nicht wörtlich nehmen. Im Klartext lautet sie zumeist etwa: »Werden Sie mir zuhören, wenn ich jetzt einen Wortschwall über Sie ergieße, dessen Ende nicht abzusehen ist?« Fragt Sie also wieder einmal jemand: »Haben Sie eine Minute Zeit?«, so könnten Sie antworten: »Läßt sich das wirklich in einer Minute abmachen?« Oder: »Gewiß habe ich eine Minute Zeit. Dauert es aber zwei Minuten, muß ich Sie auf später vertrösten.«

Wer verursacht überhaupt alle diese Störungen in erster Linie? Sind es zumeist VUPs (Very Unimportant Persons, »Sehr unbedeutende Personen«, im Gegensatz zu VIPs, Very Important Persons, »Sehr bedeutenden Personen«)? Es lohnt sich, diese Frage zu untersuchen. Das erste, was bei Störungen zu tun ist, besteht darin, über alle Telefonanrufe und Besucher Buch zu führen. Mr. Jackson, Direktor einer gemeinnützigen Stiftung, führte eine Woche lang Buch. Aus den Aufzeichnungen ging hervor, wer seine Zeit beanspruchte, was er wollte und ob er angemeldet war. Die Auswertung ergab, daß auch hier die Achtzig-zu-Zwanzig-Regel zutraf. 80% der Unterbrechungen wurden von 20% der Besucher und Anrufer verursacht. Die mit Abstand häufigsten »Störenfriede« waren zwei Männer: ein Assistent und ein weiterer Mitarbeiter.

In einem solchen Fall läßt sich eine befriedigende Regelung ohne Schwierigkeiten herbeiführen — ich werde gleich darauf eingehen. Doch selbst wenn Ihr Chef Sie morgens in sein Büro zu rufen und Ihre sorgsam ausgeklügelten Zeitpläne durch überraschende, zeitraubende Aufträge über den Haufen zu werfen pflegt, brauchen Sie nicht gleich Harakiri zu begehen. Versuchen Sie es doch so:

Bitten Sie Ihren Chef, solche Aufgaben, wenn irgend möglich, bereits tags zuvor anzukündigen. Können Sie Ihre Zeit realistischer planen, profitieren nicht nur Sie, sondern auch Ihr Chef. Überlegen Sie: Rückt Ihr Chef (oder Ihr Kunde) überstürzt Aufgaben an die erste Stelle, die eher mit Bedacht im Rahmen Ihrer anderen Aktivitäten erfüllt werden sollten — und könnten Sie das mit gebotenem Takt zur Sprache bringen?

Fragen Sie sich auch allen Ernstes, ob Ihr Chef Sie vielleicht deshalb mit solchen Aufträgen bombardiert, weil Sie ihn geradezu dazu herausfordern? Weil er weiß, daß Sie der geeignete Mann dafür sind? Versuchen Sie in diesem Fall, sich unauffällig zurückzuziehen, oder delegieren Sie die Aufgabe an andere. Diese Taktik empfiehlt sich auch im Umgang mit ungeduldigen Kunden. Sie können ihnen unter Umständen entrinnen, wenn Sie ihnen raten, sich an eine andere Abteilung zu wenden.

Mr. Jacksons Fall — wie oben schon erwähnt — bot keine großen Schwierigkeiten. Er arbeitete mit seinem Assistenten einen Zeitplan aus, der drei tägliche Termine für den Assistenten vorsah: um 9.30 Uhr, um 13.30 Uhr und um 15.30 Uhr. Während dieser Besprechungen sollte der Assistent alles vorbringen, was sich in der Zwischenzeit angesammelt hatte; zu anderen Zeiten durfte er Mr. Jackson nur noch stören, wenn es sich um einen Fall äußerster Dringlichkeit handelte. Bisher war er wegen jeder Lappalie in sein Büro gestürzt; in Zukunft konnte er nur noch in A-Mission auftauchen.

Bei dem zweiten Mitarbeiter lag der Fall anders: Mr. Anderson fehlte die nötige Sicherheit. Stets brauchte er eine Bestätigung, daß seine Arbeit den Erwartungen entsprach. Er spielte ständig unbedeutende Dinge hoch, die Mr. Jackson sehr ans Herz gelegt wurden. Mr. Anderson war auch in hohem Maße abhängig und konnte keine Entscheidung selbst treffen. Nie ließ er sich davon abbringen, seine Berichte bis in die kleinsten Details auszuspinnen, auch wenn diese Einzelheiten entbehrlich waren.

Ansonsten leistete Mr. Anderson gute Arbeit. Mr. Jackson hatte sich nie dazu durchringen können, seine Mängel zu rügen. Nun kam er zu der Überzeugung, daß er sich nicht mehr den Luxus leisten konnte, Mr. Andersons Eigenarten zu tolerieren. Entweder würde sich Anderson ändern, oder er mußte durch einen Mitarbeiter ersetzt werden, der Mr. Jackson weniger Zeit raubte. Mr. Jackson schätzte Anderson durchaus; doch es ging einfach nicht an, daß er weiter seine Zeit verschleuderte. Es endete schließlich damit, daß Anderson in eine andere Abteilung kam; dort fühlte er sich sicherer, wenn auch die Arbeit nicht so anregend war.

Mr. Frank, ebenfalls leitender Angestellter, sah sich in einer anderen Situation als Mr. Jackson. Etwa alle zwei Minuten wurde er von einem seiner zahlreichen Mitarbeiter gestört. Seine Lösung: Er reorganisierte, übertrug seinen engsten Mitarbeitern mehr Verantwortung und legte den anderen Angestellten nahe, sich mit Fragen zunächst an seine engsten Mitabeiter zu wenden. Er richtete wöchentliche Konferenzen mit seinem Mitarbeiterstab ein, denn es hatte sich herausgestellt, daß er öfters mit Problemen konfrontiert wurde, die nur durch Kooperation zu lösen waren. Mr. Frank begann auch, sämtlichen Mitarbeitern weitreichende schriftliche Informationen über Routineangelegenheiten zukommen zu lassen, da Informationslücken bisher unnötige Unterbrechungen seiner Arbeit verursacht hatten.

Wenn der Störenfried vier Jahre alt ist

Mrs. Jones wußte auch ohne Buchführung, wer sie den lieben langen Tag andauernd störte: ihre vierjährige Tochter Melinda. Wollte Mrs. Jones einen spannenden Roman zu Ende lesen, flüchtete sie sich mit ihm ins Schlafzimmer. Innerhalb von zwei Minuten hatte Melinda den mütterlichen Schoß erobert. Die enttäuschte Mrs. Jones tröstete sich mit der Hoffnung, die Entwicklung ihrer Tochter würde gefördert, wenn sie ihr in dieser Lebensphase ihre ungeteilte Aufmerksamkeit schenkte. Dann träumte sie vom nächsten Jahr; Melinda sollte halbtags in den Kindergarten kommen, und sie konnte während dieser Zeit in Ruhe ihren eigenen Interessen nachgehen.

Mrs. Jones gelangte schließlich zu der Ansicht, Melinda könnte sich ebenso gut entwickeln, wenn sie ihr nur zu bestimmten Zeiten ihre ungeteilte Aufmerksamkeit schenkte — die ein Erwachsener im dauernden Belagerungszustand ohnedies nur zähneknirschend aufbringen kann. Während der Melinda-Zeiten würde sie sich ihrem Kind mit verstärkter emotionaler Bereitschaft widmen und gewiß eine ausgeglichenere und hingebungsvollere Mutter werden.

Eines Tages schritt sie mutig zur Tat: Sie erklärte Melinda, daß sie eine halbe Stunde ungestört lesen wollte, stellte den Zeitmesser in der Küche auf dreißig Minuten ein, ging ins Schlafzimmer und schloß die Tür ab. Sie versprach, mit Melinda zu spielen, wenn es klingelte; bis dahin sollte sich das Kind alleine beschäftigen.

Sie können sich kaum das Spektakel vorstellen, das Melinda draußen vor der Tür inszenierte. Doch Mrs. Jones blieb hart und reagierte nicht darauf. Lesen konnte sie an diesem ersten Tag nicht; sie war ständig in Sorge, Melinda könnte durch das Experiment Schaden nehmen. Dennoch setzte sie es fort: Die ganze Woche lang stellte sie jeden Morgen um 10.30 Uhr den Zeitmesser auf dreißig Minuten ein. Schließlich schien Melinda diese Regelung zu akzeptieren, denn sie spielte ruhig in ihrem Zimmer, während sich Mrs. Jones ungestörten Lesefreuden hingab.

Zeit für andere und Zeit für sich

Wenn Ihre Aufzeichnungen zeigen, daß 80% Ihrer Störungen durch viele verschiedene und/oder immer wieder andere Menschen verursacht werden, dann läßt sich das Problem ganz offensichtlich nicht durch eine Auseinandersetzung mit den Hauptstörenfrieden lösen. Zählt die Wahrnehmung öffentlicher Kontakte zu den wesentlichen Bedingungen Ihrer beruflichen Stellung, so nehmen Sie besser den Telefonhörer ab oder empfangen Sie den Besucher. Haben Sie jedoch zwei Rollen auszufüllen, deren eine öffentlichen Kontakt und deren andere ungestörtes Nachdenken erfordert, müssen Sie eine Lösung finden, die beiden Rollen gerecht wird — sonst kommen Sie kaum zum Nachdenken.

Mr. Bean hatte sich mit der Revision seines Rechnungssystems zu befassen und war sich der Bedeutung dieser Aufgabe vollauf bewußt; dennoch nahm er sich für jeden Besucher ausgiebig Zeit — auch für weniger wichtige Gespräche, die auch ein Mitarbeiter hätte führen können. Mr. Bean wußte, daß die Systemrevision sein großes A-1 war; und er hatte jeden Abend ein schlechtes Gewissen, wenn er tagsüber wieder einmal zu wenig Zeit für sie aufgebracht hatte. Er machte die ständigen Störungen dafür verantwortlich. In Wahrheit waren seine unterschiedlichen Reaktionen auf Störungen an der Misere schuld: Manchmal begrüßte er sie geradezu; dann wieder ärgerte er sich selbst über unumgängliche Unterbrechungen. Bearbeitete er eben ein vertracktes Detail seines Revisionsplans, brachte ihn jede Störung in Rage. Selbst wenn ein wichtiger Kunde anrief, ließ er sich nicht von der Einsicht leiten: »Hier geht es um mein Geschäft«; statt dessen zuckte er die Achseln und brummte vor sich hin: »Wann komme ich bloß zu meiner Arbeit?«

Mr. Bean »löste« den Konflikt zwischen seinen Arbeitsbereichen durch ständiges Rochieren; es gelang ihm nicht, die Aufgaben selbst befriedigend zu lösen. Gab es einen besseren Weg? Mr. Bean dachte daran, den Hörer nicht mehr abzunehmen und Besucher abzuweisen. So ließe sich Zeit zum Nachdenken gewinnen; die Systemrevision könnte gewiß erfolgreich abgeschlossen werden. Doch welche Risiken ging er ein, wenn er sich völlig zurückzog? Besucher und Anrufer mochten verärgert reagieren. Der nötige Kontakt zu seinen Mitarbeitern würde leiden, möglicherweise drohte gar ein Chaos. Die Arbeitsleistung könnte sinken, denn Klagen und Beschwerden kämen ihm erst dann zu Ohren, wenn ihre Ursachen bereits zu Krisen geführt hätten.

Angesichts dessen fällte Mr. Bean eine Entscheidung, die kaum als weise zu bezeichnen war: Er erlaubte jedermann, ihn jederzeit zu sprechen. Doch schenkte er seinen Gesprächspartnern nur selten seine ungeteilte Aufmerksamkeit; allzuoft wälzte er währenddessen in Gedanken seine eigenen Probleme. Dann dachte er nur noch daran, zu »seiner« Arbeit zurückzukehren; und da er zu nervös, zu angespannt und zu »beschäftigt« war, um andere als seine eigenen Probleme überhaupt wahrzunehmen, bedauerten viele Besucher ihren Besuch bei Mr. Bean.

Richten Sie »Sprechstunden« ein!

Ich schlug Mr. Bean eine bessere Lösung vor: Er sollte zu bestimmten Zeiten »Sprechstunden« einrichten — Stunden, zu denen er Besucher empfing und Anrufe annahm. Wir alle kennen Tafeln mit der Aufschrift: »Vertreterbesuche dienstags und donnerstags 13—16« oder »Konsultationen nur montags, dienstags und mittwochs«. »Sprechstunden«, wie ich sie Mr. Bean vorschlug, sind die festgelegten Stunden in der Woche, zu denen Sie für jedermann ohne Terminabsprache erreichbar sind. Jeder Besucher kann dann durch Ihre »Offene Tür« spazieren und frei heraus über Geschäfte reden — in der Gewißheit, nach der »Offenen Tür« auch ein offenes Ohr zu finden. Mr. Bean beschloß, seine »Sprechstunden« täglich auf 8 Uhr bis 9.30 Uhr und auf 11 Uhr bis 12 Uhr zu legen; während der übrigen Zeit wollte er seine Ruhe haben. Er instruierte die Telefonistin, keinen der üblichen Telefonanrufe durchzustellen, während er für sich arbeitete. So hoffte er, sich ungestört seiner Systemrevision widmen zu können.

Es kann auch ins Auge gehen, wenn man sich zurückzieht

Glücklicherweise erinnerte sich Mr. Bean an den Fall des Mr. Kent: Dieser hatte unerwartet den einsamen Beschluß gefaßt, täglich zwischen 8 und 12 Uhr keine Störung mehr zu dulden. Die Folgen waren katastrophal. Seine Mitarbeiter blieben sich selbst überlassen; ihre Fehler häuften sich. Der Arbeitseifer ließ immer mehr nach und erlahmte, da Mr. Kent keine Notiz mehr davon nahm, in kurzer Zeit fast völlig. Mr. Kents Chef war zunächst begeistert; Mr. Kent schien auf dem rechten Wege. Die Akklamationen ebbten ab, als das Desaster im Bereich der Organisation nicht mehr zu übersehen war, Mr. Kent mußte den Hut nehmen — letztlich seines Unvermögens wegen, die Zeit seiner Zurückgezogenheit funktionsgerecht auf seine »Sprechzeit« abzustimmen.

Mr. Bean hingegen diskutierte seine neue »Sprechstunden«-Regelung mit seinen engsten Mitarbeitern und berücksichtigte einige Änderungsvorschläge. Manche ließen sich zu eigenen »Sprechstunden«-Experimenten anregen; auch sie lockte die Aussicht, einmal ohne jede Unterbrechung arbeiten zu können. Mr. Bean legte ihnen nahe, ihm jede Beeinträchtigung mitzuteilen, die sie durch die Neuregelung während der ersten Zeit erfahren würden.

Wie gewinnt man Zeit für ungestörte Arbeit?

Klarer Fall — wenn Sie selbst der Chef sind: Lassen Sie einfach Ihre Sekretärin alle Anrufe entgegennehmen, vertrauen Sie eilige Aufgaben Ihrem Assistenten an, ziehen Sie sich in Ihr Privatbüro zurück und schließen Sie die Tür.

Haben Sie keine Sekretärin, die sich um Ihre Telefonanrufe kümmert, können Sie Ihr Telefon — vielleicht für eine halbe Stunde täglich — stillegen: Wählen Sie Ihre eigene Nummer und legen Sie den Hörer nicht mehr auf; jeder Anrufer hört dann fortwährend das Besetztzeichen.

Wenn Sie ungestört sein wollen, müssen Sie auch verhindern, daß Sie von Besuchern oder Kollegen unterbrochen werden. Mr. Bean blieb Freiwild für seine Kollegen, solange sie sahen, daß er allein war und infolgedessen »nichts Wichtiges zu tun« hatte. Doch dann setzte er sie von seinen Vorstellungen von ungestörter Arbeit in Kenntnis und stellte ein Schild auf seinen Schreibtisch, das die Aufschrift trug: »Bitte jetzt nicht stören — um 11 Uhr habe ich für Sie Zeit.« Näherte sich jemand zu unpassender Stunde, deutete Mr. Bean auf das Schild, fragte den Ankömmling, ob er so lange warten könne, und richtete sich darauf ein, ihm Punkt 11 Uhr Rede und Antwort zu stehen.

Schien besondere Konzentration geboten, sah sich Mr. Bean nach einem unbenutzten Büro oder Konferenzraum um. Gelegentlich ging er in die öffentliche Bibliothek. (Ein leitender Angestellter nannte mir als Ort, an dem er ungestört arbeiten könne, das Hinterzimmer eines kleinen Cafés unweit der Zentrale seiner Gesellschaft.)

Vom Umgang mit Plaudertaschen

Mr. Beans Aufzeichnungen verrieten auch, daß viele nur bei ihm Station machten, um eine Weile zu plaudern. Wer den Wasserkühler ansteuerte (amerikanische Angestellte kühlen sich gelegentlich mit Wasser), kam zumeist an ihm vorbei; so nutzte in der Regel jeder, der seinen mit Arbeit beladenen Schreibtisch verlassen hatte, die willkommene Gelegenheit, sich mit Hilfe Mr. Beans ein paar Minuten zu entspannen. Deshalb verschob Mr. Bean seinen Schreibtisch und veränderte so seinen Arbeitsplatz derart, daß er nicht mehr automatisch zum Verweilen einlud. Zu dieser Arbeitsplatzveränderung gehörte auch die Entfernung des zweiten Besucherstuhls; denn kamen gleich zwei Schreibtischflüchtlinge bei ihm zusammen, konnte er von Glück sagen, wenn sie nach zwanzig Minuten wieder gingen. Schließlich versuchte er noch, den Kopf stets gesenkt zu halten, um die Blicke der Vorbeigehenden nicht erwidern zu müssen.

Als Mr. Bean sämtliche Störfaktoren ausgeschaltet hatte, stellte sich ihm ein neues Problem: Er fühlte sich in seinen ungestörten Stunden einsam. Gelegentliche Gespräche hatten zu seinem Büroalltag gehört; nun sehnte er sie manchmal geradezu herbei. Seine Sekretärin nahm zwar jeden Telefonanruf entgegen; doch wenn es klingelte, fragte er sich jedesmal, wer da wohl anrief und was er von ihm wollte. Nur mit größter Mühe widerstand er der Versuchung, selbst zum Hörer zu greifen oder sich hinterher sofort nach dem Anruf zu erkundigen.

Er hatte erhebliche Mühe, potentiellen Störenfrieden die kalte Schulter zu zeigen. Zwar konnte seine Sekretärin viele Besucher fernhalten; doch Kollegen, die sich von ihr nicht abschrecken ließen und ihn mit Fragen wie »Haben Sie eine

Minute Zeit?« überfielen, konnten im allgemeinen mit seiner vollen Aufmerksamkeit rechnen.

Mr. Bean mußte immer noch all seinen Mut zusammennehmen, wenn er »Nein« sagen wollte. Doch nach seinen ersten Absagen erlebte er eine Überraschung: Schwerwiegende Konsequenzen blieben aus. Die meisten Störenfriede — das fiel ihm jetzt auf — starteten ihre Störaktionen rein gewohnheitsmäßig und konnten wirklich warten, bis er Zeit hatte. Auch Mr. Bean lernte warten, wenn er zu unpassender Stunde den Drang verspürte, Kontakt zu seiner Umwelt aufzunehmen. Allmählich gewann er größere Standfestigkeit. Er entwickelte einen Umgangston mit Störenfrieden, der keinerlei Groll, doch die bestimmte Erwartung erkennen ließ, daß seine Arbeitseinteilung respektiert würde.

Mr. Bean hatte eine praktikable Lösung gefunden. Auch für Sie kann eine solche Lösung praktikabel sein.

13

Lakeins Frage

Die Liste Ihrer Lebensziele, Ihre Aufgabenliste und Ihre gesamte Planung führen Sie zu einer wirksamen Kontrolle über Ihre Zeit. Sie sind unentbehrlich, wenn Sie Ihr Leben in den Griff bekommen wollen. Doch sie helfen Ihnen kaum, wenn Sie sich aus der augenblicklichen Lage heraus entschließen müssen — wenn es auf schnelle Entscheidungen ankommt, die Ihrer momentanen, oft unerwarteten Situation entsprechen.

Wer kann zehnmal täglich (oder öfter) zehn Minuten (oder länger) planen? Doch wohl niemand. Würde jemand danach trachten, käme er niemals dazu, seine Pläne in die Tat umzusetzen. Deshalb empfehle ich Ihnen eine neue Methode, die Sie jederzeit schnell und spontan anwenden können. Ich empfehle Ihnen: »Stellen Sie Lakeins Frage!« Und Lakeins Frage lautet: *Wie nutze ich in diesem Augenblick meine Zeit am besten?*

Gewöhnen Sie sich zunächst daran, Lakeins Frage jedesmal zu stellen, wenn Sie nicht überzeugt sind, Ihre Zeit optimal zu nutzen. Nach etwa einer Woche sollte Ihnen Lakeins Frage in Fleisch und Blut übergegangen sein.

Antworten Sie zunächst: »Ich weiß nicht«, so nutzen Sie ihre Zeit in diesem Augenblick am besten, wenn Sie Lakeins Frage noch einmal stellen. Lautet Ihre Antwort dann immer noch: »Ich weiß nicht«, können Sie sich sagen: »*Das* weiß ich bereits; doch ich brauche eine bessere Antwort.«

Ich will Sie keineswegs zu einem albernen Frage-und-

Antwort-Spiel mit sich selbst ermuntern. Ich will Ihnen nur die Ansicht nahebringen: Wer nicht weiß, wie er seine Zeit am besten nutzt, der nutzt sie am besten, indem er herauszufinden trachtet, wie er sie am besten nutzt. Stellen Sie also so lange Lakeins Frage, bis Sie eine Antwort bekommen, mit der Sie wenigstens *etwas* anfangen können. Kommt die erste Antwort, dann — entspannen Sie sich erst einmal.

Die erste (und spontane) Antwort auf Lakeins Frage ist fast immer die beste; grundsätzlich sollte man sie daher akzeptieren. Doch völlig ausschließen lassen sich Fehlreaktionen nie. Denken Sie also einen Augenblick konzentriert nach, ehe Sie Ihre endgültige Entscheidung treffen. Ihre Intuition könnte sich heute freigenommen haben. Haben Sie das Gefühl, Sie könnten nicht nach Ihrer ersten Antwort handeln, so fahren Sie am besten, wenn Sie sofort eine praktikable Alternative finden.

Wer neue Methoden einführen will, braucht zunächst etwas Übung; das gilt auch für den, der sich mit Lakeins Frage vertraut macht. Während sie zur Routinefrage wird, werden Sie feststellen, daß sich Ihr Selbstvertrauen steigert. Auch Ihre Antworten kommen dann spontaner — Antworten, die zur Aktion führen.

Stellen Sie Lakeins Frage ständig!

Lakeins Frage empfiehlt sich etwa dann, wenn Sie eben ein Besucher oder ein Anruf unterbrochen hat (vorausgesetzt, die Unterbrechung war erwünscht oder notwendig). Fragen Sie sich nach der Unterbrechung, ob Sie die unterbrochene Arbeit fortsetzen oder eine neue Tätigkeit beginnen sollen.

Stellen Sie Lakeins Frage auch dann, wenn Sie merken, daß Sie nicht mehr richtig bei der Sache sind. Verfolgen Sie plötzlich die Unterhaltung, die im Büro nebenan geführt wird? Denken Sie darüber nach, wer eben den Gang hinunterging? Träumen Sie von Ihrem nächsten Urlaub? Stellen Sie Lakeins Frage!

Lakeins Frage ist auch angebracht, wenn Sie intuitiv bezweifeln, daß Sie Ihre Zeit optimal nutzen; wenn Sie bemerken, daß Sie die Arbeit hinauszögern; wenn Sie die Arbeit an einem A-1 plötzlich unterbrechen; wenn Sie sich dabei ertappen, daß Sie Ihre Schriftstücke eher hin- und herschieben als bearbeiten.

Stellen Sie Lakeins Frage, wenn Sie zwischen zwei Projekten schwanken; wenn Sie keinen Schwung mehr haben; wenn Sie zu einer anderen Aufgabe übergehen wollen.

Damit Sie stets an Lakeins Frage denken, sollten Sie Schilder anfertigen – mit den Aufschriften: »Wie nutze ich in diesem Augenblick meine Zeit am besten?« und »Stelle Lakeins Frage!«. Sie entscheiden, ob diese Schilder jedem ins Auge springen oder nur für Sie sichtbar sind. Wie wäre es mit einem großen Schild an der Wand, auf die Sie am häufigsten starren? Wie wäre es mit Plakaten in der ganzen Abteilung?

Wollen Sie Lakeins Frage nicht so auffällig propagieren? Wie wäre es dann mit einer Karte in einer Schublade oder mit einer Eintragung in Ihrem Notizbuch? Sie können sich die Frage sogar auf Briefpapier drucken lassen; meine Klienten erhielten einmal von mir Kugelschreiber, auf denen Lakeins Frage stand.

Selbst wenn Ihr A-1 feststeht und Sie schon bei der Arbeit sind, können Sie noch immer Lakeins Frage stellen – Ihrer jeweiligen Aufgabe angepaßt: »Wie nutze ich in diesem Augenblick meine Zeit *für das A-1* am besten? Wo soll ich beginnen, wie soll ich daran arbeiten?«

Überlegen Sie, ob sich die Aufgabe vereinfachen läßt. Überlegen Sie, ob sich die Zeit dafür verkürzen läßt. Rufen Sie diesen trägen Burschen in der anderen Abteilung an, oder gehen Sie zu ihm? Schreiben Sie diesem langatmigen Kunden einen Brief, damit er Sie nicht weiterhin stundenlang fernmündlich belagert — oder tragen Sie dennoch ein Wortgefecht mit ihm aus, das letzten Endes doch zu einer schnelleren Entscheidung führt?

Das Arbeitstempo spielt auch eine Rolle. Es macht sich bezahlt, wenn man schnell und zuverlässig arbeitet; überprüfen Sie also Ihr Arbeitstempo in gewissen Abständen, indem Sie Lakeins Frage stellen. Vielleicht kleben Sie immer noch an den Details der vergangenen Woche. So etwas kommt vor.

Zeit läßt sich auch mit Problemen verschwenden, die einmal As waren — doch keine As mehr sind. Wird der große Auftrag doch zurückgenommen? Wurde der Termin geändert? Wird der schwierige Leiter der Kundenwerbung demnächst entlassen? Was gestern ein A war, kann heute ein B sein und morgen zu einem CZ werden; doch nicht nur der Lauf der Zeit bedingt den Wechsel der Priorität, sondern auch das Stadium, in dem sich eine Aufgabe befindet. Denken wir an die Achtzig-zu-Zwanzig-Regel: 20% der Arbeit an einer Aufgabe mögen ausreichen, um 80% der Aufgabe zu erfüllen. Ein Perfektionist kann ein Mensch sein, der mit unerhörtem Aufwand nur bescheidene Ergebnisse erzielt.

Perfektion und Perfektionismus

Perfektion ist anzustreben, wenn 80% des Gewinns, den Sie aus einer Tätigkeit ziehen, aus den *letzten* 20% Ihrer Bemühungen resultieren. Perfektion ist unerläßlich, wenn Sie den Bau eines Dammes leiten; doch auch bei weniger dramatischen Anlässen entscheidet oft die letzte Etappe: etwa, wenn Sie Ihre Einkäufe unbeschädigt nach Hause bringen wollen, wenn Sie einen verstopften Spülstein frei machen oder wenn Sie nicht nur vor Ihrem Hochzeitstag, sondern auch an Ihrem Hochzeitstag an Ihren Hochzeitstag denken möchten.

Perfektion wird zu zeitraubendem Perfektionismus, wenn

Sie auch das letzte Eckchen eines Leintuchs ausbügeln oder einen belanglosen Brief wiederholt nach Fehlern untersuchen. Sind Sie einmal in eine Arbeit vertieft, scheint sie sich von alleine weiterzuentwickeln. Sie geraten in Gefahr, sich unkontrolliert treiben zu lassen und einfach auf den Wogen zu schwimmen.

Wenn Sie sich nicht treiben lassen wollen, können Sie Kontrollpunkte einrichten, an denen Sie den erzielten Fortschritt überprüfen. Kontrollieren Sie sich jede Viertel- oder halbe Stunde — oder arbeiten Sie bis 15.30 Uhr weiter und ziehen Sie dann Bilanz. Ein Zeitmesser könnte Sie daran erinnern, wann eine Überprüfung Ihrer Arbeit fällig ist. Stellen Sie dann fest, daß auch nachhaltige Bemühungen nicht zum gewünschten Erfolg führen, brechen Sie Ihre Tätigkeit am besten ab und wenden sich einer anderen Aufgabe zu.

Ein Zeitmesser kann Ihnen auch helfen, Termine einzuhalten. Stellen Sie ihn auf eine halbe Stunde ein, wenn Sie bis dahin eine Aufgabe erledigt haben müssen. Stört Sie das Ticken des Zeitmessers, stellen Sie ihn in die untere Schublade; dann hören Sie nur das Klingeln. Wenn es nun klingelt, und Sie sind nicht fertig — was dann? Sie könnten den Zeitmesser zunächst auf zwanzig Minuten stellen — auch wenn Sie dreißig Minuten Zeit haben. Nach zwanzig Minuten haben Sie dann Gelegenheit, Ihre Prioritäten neu zu setzen. Sind Sie sicher, daß Sie die richtige Spur verfolgen? Vielleicht stellen Sie den Zeitmesser noch einmal auf fünfzehn Minuten, damit Sie daran denken, daß mehr Zeitaufwand für das Projekt Zeitverschwendung wäre.

Befürchten Sie, daß sich der Nutzeffekt Ihres Tuns stetig verringert? Entwickeln Sie zeitraubenden Perfektionismus? Stellen Sie Lakeins Frage. Sind Sie nicht sicher, ob eine Aufgabe der weiteren Mühe wert ist? Mein Rat: Unterbrechen Sie diese Tätigkeit. Wenn Sie nicht mehr darauf zurückkommen, war die Sache für Sie wirklich nicht mehr der Mühe wert. Kommen Ihnen am nächsten Tage Zweifel, ob Sie die Angelegenheit zu Recht abgeschoben haben, und wollen Sie sich der Sache wieder zuwenden — dann tun Sie das. Doch es dauert gar nicht lange, und ... richtig! Stellen Sie Lakeins Frage.

14

Schweizer Käse

Ein durchdachter, an exakt fixierten Zielen und Prioritäten orientierter Plan bringt Sie der Kontrolle über Ihre Zeit (und Ihr Leben) ein gewaltiges Stück näher. Doch selbst Meister der Planung bringen es oft fertig, ein Detail zu übersehen: Wie jedes Werkzeug ist ein Plan nur dann von Nutzen, wenn man ihn auch *nutzt* — wenn man die Theorie in die Praxis umsetzt. Der genialste Plan, der auf dem Papier steht, bleibt Utopie und schöner Schein, solange Sie ihn nicht realisieren.

In der Alltagsroutine, wenn Sie essen oder sich die Zähne putzen, führen Sie Vorsätze meist sofort aus — dem Plan folgt die unmittelbare Aktion. Doch auch bei komplexen Aktivitäten kann die Ausführung des Plans gelegentlich so naheliegen, daß Vorsatz und dementsprechendes Handeln geradezu identisch scheinen. Ein wirklich guter Plan — das ist ein Plan, der Sie auch emotional anspornt, der die Bereitschaft erzeugt oder fördert, ihn in die Tat umzusetzen. Ein wirklich guter Plan — das ist ein Blatt Papier, das nahezu zwangsläufig zur Aktion führt. Haben Sie einen solchen Plan ausgearbeitet, sind Sie ausreichend motiviert, um sofort danach zu handeln.

Nicht immer gehen jedoch Plan und Ausführung so nahtlos ineinander über. Nehmen wir an, Sie haben einen Plan gemacht: Sie haben Listen geschrieben, Prioritäten gesetzt, Lakeins Frage beantwortet. Und Sie haben eine Aufgabe zu Ihrem A-1 erkoren: Heute werden Sie alle Fenster im Haus putzen! Doch anstatt nach Plan zu putzen, zögern Sie zunächst. Vielleicht wollen Sie etwas anderes arbeiten, vielleicht wollen Sie ins Kino gehen, vielleicht wollen Sie auf die verdreckten Fenster Männchen malen. Jedenfalls wollen Sie Ihr A-1 eher später als sofort erledigen. Es kommt so, wie es kommen muß: Schließlich widmen Sie sich einer C-Beschäftigung.

Mit Tausenden von Menschen habe ich mich über ihre Anstrengungen unterhalten, Kontrolle über ihre Zeit und über ihr Leben zu gewinnen. Und immer wieder höre ich den vertrauten Refrain: »Seit Jahren denke ich daran, doch ich schiebe es dauernd hinaus«; oder: »Ich weiß genau, was ich zu tun habe; doch ich finde einfach keine Zeit, um damit anzufangen.«

Ja, diese Verzögerungen! Sie gehören zu den gefährlichsten Stolpersteinen auf dem Wege zu Kurzzeit- und Langzeitzielen. Doch gegen Verzögerungen läßt sich etwas tun.

Haben Sie das richtige A-1 gewählt?

Wenn Sie ein A-1 gewählt haben, jedoch mit der Ausführung zögern, dann fragen Sie sich erst einmal, ob Ihre Wahl auch wirklich angemessen war. Ihr Zögern könnte ja von einer Ahnung herrühren, daß Ihr A-1 nicht Ihren augenblicklichen Bedürfnissen entspricht. Es lohnt sich, wenn Sie solchen Ahnungen nachgehen. Manchen Aufgaben sollte man wirklich aus dem Weg gehen. Wenn Ihr A-1 die Teilnahme an einem Segelkurs ist, dessen Kosten Sie kaum aufbringen können, lassen Sie Ihre Absicht vielleicht besser fallen.

Ihre A-1-Entscheidung mag richtig gewesen sein; doch danach haben sich Ihre Prioritäten plötzlich und unerwartet verändert. Ihr Frühjahrsputz kann diese Woche nicht stattfinden, da Tante Mary aus Boston drei Tage eher als erwartet zu ihrem jährlichen Besuch eintrifft. Oder Sie wollen Rechnungen begleichen: Während Sie zu Hause Schecks ausschreiben, bringt Ihnen der Postbote die Mitteilung Ihrer Bank, daß Ihr letzter Scheck nicht gedeckt war. Ihr A-1 besteht jetzt ganz eindeutig darin, Ihr Konto auszugleichen; die Bezahlung Ihrer Rechnungen muß warten.

Eine A-1-Aktivität erscheint auch dann fragwürdig, wenn sich herausstellt, daß sie zu Konsequenzen führen würde, die im Stadium der Planung nicht vorauszusehen waren. Ein Großunternehmen hatte einen Werbechef um eine vorläufige Präsentation einer Werbekampagne gebeten; der Werbechef witterte ein Geschäft und ernannte die Präsentation zu seinem gegenwärtigen A-1. Doch er schob diese Aufgabe dauernd vor sich her und wurde nach einigen Wochen nervös.

Nachdem er lange über sein Versäumnis nachgebrütet hatte, wurde ihm schließlich die Ursache seines Zögerns bewußt. Obwohl ihm die erbetene Präsentation eine langersehnte Chance bot, wußte er genau, was auf ihn zukam, wenn er sie wahrnahm: Die Vorbereitung der Kampagne würde ihn monatelang mit Arbeit überhäufen. Schon jetzt fühlte er sich mehr als überlastet. Kein Wunder, daß er zögerte, sich auf sein A-1 zu stürzen.

Der Werbechef erkannte also, daß es nicht darum ging, seinen mangelnden Eifer zu beklagen; er mußte vielmehr seine Prioritäten überdenken. Die seiner Lage angemessene A-1-Aufgabe hätte in Maßnahmen bestanden, die dazu angetan waren, den Druck seiner Verpflichtungen zu verringern (anstatt zu vergrößern). So verbrachte er die nächste Woche damit, einen Mitarbeiter in einige seiner Routinearbeiten einzuweisen; erst dann dachte er wieder an die erbetene Präsentation. Nun, da ihn nichts mehr zurückhielt, machte er sich sofort an die Arbeit. Seine Präsentation, mit Elan vorbereitet, wurde ein voller Erfolg und sicherte ihm den begehrten Auftrag.

Führen Sie also einen Plan nicht durch, weil er (zumindest gegenwärtig) nicht Ihren Bedürfnissen entspricht, so läßt Ihre Zurückhaltung nicht grundsätzlich auf mangelnde Einsatzbereitschaft schließen; sie läßt nur den Wunsch erkennen, flexibel und anpassungsfähig zu bleiben. Sie tun gut daran, wenn Sie sich nicht auf Ihr erstes A-1 stürzen; Sie sollten es eher degradieren. Wählen Sie ein neues A-1, das eher Ihren veränderten Prioritäten oder unerwarteten Möglichkeiten entspricht, und konzentrieren Sie Ihre Bemühungen darauf.

Sie verzögern unnötig, wenn ...

Sie verzögern unnötig, wenn Sie eine sinnvolle A-1-Aktivität gewählt haben, Ihre Wahl für gut befinden, wenigstens ein paar Minuten Zeit für dieses A-1 haben — und diese Zeit nicht für Ihr A-1 nutzen. Statt dessen widmen Sie sich einem augenblicklichen A-2, einem B, einem C oder gar einer Sache, die sich von vornherein nicht lohnt. Was, um alles in der Welt, ist bloß in Sie gefahren?

Vor allem: Sie sind ein Mensch — mit einigen menschlichen Schwächen. Und wie die meisten meiner Klienten verzögern Sie gewiß die meisten A-1, von denen Sie sich überfordert fühlen oder die Sie sonst unangenehm berühren. Man verzögert ein A-1, das einiges von einem fordert, weil es allzu komplex oder zeitraubend scheint. (Beispiele solcher A-1: im ganzen Haus die Fenster putzen, das Haus neu anstreichen, alle Urlaubsdias der letzten sechs Jahre ordnen, Russisch lernen, eine Steuererklärung durchdacht ausfüllen, einen Umzug organisieren, ein Geschäft verkaufen, eine Weltreise planen.)

Ein unerfreuliches A-1 bedarf oft keiner nennenswerten körperlichen oder geistig-intellektuellen Anstrengung; um so stärker wirkt eine meist psychisch-emotionale Sperre (wenn Sie einen Mitarbeiter kritisieren wollen, Ihrem Chef ein peinliches Versagen eingestehen müssen, Ihrem Chef *sein* Fehlverhalten vorzuhalten haben, Ihrem Mann die Rechnung für ein sehr teures Kleid präsentieren sollen).

Nicht immer lassen sich unerfreuliche Aktivitäten gegenüber anspruchsvollen abgrenzen; jeder kennt Aufgaben, die (intellektuelle) Anstrengungen bedingen und zugleich (emotional verursachte) Unannehmlichkeiten mit sich bringen. Dennoch erscheint eine Abgrenzung in gewisser Weise sinnvoll; denn für diese beiden Kategorien von Aktivitäten lassen sich verschiedene Strategien anwenden. Zunächst möchte ich auf das Problem der Verzögerung von A-1-Aktivitäten eingehen, die hohe Anforderungen stellen.

Warnung: Alle Maßnahmen, die sich gegen Verzögerungen richten, sind nur im echten Bedarfsfall zu ergreifen. Sie verschwenden Ihre Zeit, wenn Sie sich zu intensiv der Abwehr möglicher Verzögerungen widmen und nicht Ihre volle Aufmerksamkeit Ihrem A-1 schenken. Entscheidend ist nach wie vor, daß Sie Ihr A-1 wählen und sich sofort aktiv für Ihr A-1 engagieren. Die Maßnahmen gegen Verzögerungen sind einfach Mittel zum Zweck; dieser Zweck ist dann erreicht, wenn Sie Ihre Zeit und Ihr Leben im Griff haben.

Fordern Sie das A-1, das Sie zu überfordern droht!

Nehmen wir an, Sie haben gerade einige häusliche Verrichtungen erledigt. Ihr Sohn wird in einer halben Stunde aus der Schule kommen. Sie würden gerne eine Tür streichen, die es längst nötig hat. Statt dessen spülen Sie Geschirr und wischen den Küchenfußboden auf. Wie werden Sie jemals die bewußte Tür streichen können, wenn Sie — so wie jetzt — ständig damit rechnen müssen, unterbrochen zu werden?

Oder nehmen wir an, Sie sitzen in Ihrem Büro und haben soeben ein Telefongespräch beendet. Da kommt Ihnen plötzlich der Gedanke, Sie sollten sich unverzüglich daranmachen, sich um den Jahresetat Ihrer Abteilung zu kümmern; die Arbeit daran erscheint Ihnen als Ihr augenblickliches A-1 — als eine Tätigkeit, durch die Sie Ihre Zeit optimal nutzen. Eine langwierige, anstrengende Tätigkeit. Sie werfen einen Blick zur Uhr: zehn Minuten vor der Mittagspause. Ein Stapel von Papieren hockt auf einer Ecke Ihres Schreibtisches und harrt der Hand, die sich nach ihm ausstreckt — Routinearbeit, Papierkram. Was tun? Schnell noch C-Schriftliches erledigen? Oder zehn Minuten lang eine A-1-Aufgabe angehen, die Ihnen alles abverlangt? Oder früher Pause machen?

Meine Antwort: Machen Sie sich an das anstrengende A-1, auch wenn Sie nur ein paar Minuten Zeit haben. Die Antwort mag unrealistisch, vielleicht sogar völlig sinnlos erscheinen. Sie mögen sich sehr wohl entschließen, sich statt dessen einigen Cs zu widmen, die sich angenehm erledigen lassen. Auf den ersten Blick erschiene eine solche C-Aktivität nicht eben als ein eklatanter Bruch mit den Praktiken sinnvoller Zeiteinteilung — auch wenn man sich vor Augen hält, daß die eigene Zeit letztlich stets aus Zeitbrocken und -bruchstücken besteht. Massive Zeitblöcke oder Zeiteinheiten von beträchtlicher Dauer stehen uns relativ selten zur Verfügung. Wenn Sie ständig — in den Minuten vor der Pause, vor der Rückkehr Ihres Sohnes von der Schule — einem simplen C den Vorzug vor der diffizilen A-1-Aufgabe geben, dann verzögern Sie entscheidende Aktivitäten: Sie gehen Ihren wirklichen Aufgaben aus dem Weg.

Wendet sich jemand einem C zu, das wenig Zeit und wenig Mühe kostet, dann in den meisten Fällen eben deshalb, *weil* es wenig Zeit und wenig Mühe kostet. Ein zeitraubendes, anstrengendes A-1 kann mit einem solchen C (in dieser Hinsicht) nicht konkurrieren: Sie müssen einen Weg finden, um es konkurrenzfähig zu machen.

Aber wie? Nehmen wir an, Sie brauchen schätzungsweise

fünfzig Stunden für die Arbeit an dem Etat, und jetzt haben Sie nur zehn Minuten vor der Pause Zeit. Die Tatsache, daß sich heute (und nicht nur heute) schwerlich ein Fünfzig-Stunden-Zeitblock schaffen läßt, mag Sie sehr wohl veranlassen, den Beginn des Projekts auf morgen (oder übermorgen) zu verschieben. So können Sie die Arbeit Tag für Tag hinauszögern, bis der Termin bedrohlich näher rückt und Sie notgedrungen einen krampfhaften Versuch unternehmen, Ihr A-1 zu bewältigen — was Ihnen wahrscheinlich nicht allzugut gelingt.

Ein anstrengendes A-1 läßt sich am besten dann unter Kontrolle bringen, wenn man sich sofort daranmacht, nachdem man es als A-1-Aufgabe erkannt hat. Der Einstieg wird Ihnen enorm erleichtert, wenn Sie sich einer Methode bedienen, nach der angeblich Schweizer Käse hergestellt wird: Bohren Sie Löcher in Ihr A-1. Als Bohrwerkzeuge stelle ich Ihnen »Sofortaufgaben« zur Verfügung.

Eine Sofortaufgabe erfordert höchstens fünf Minuten Zeit und läßt ein Loch in Ihrem gigantischen A-1 entstehen. In zehn Minuten vor der Pause können Sie also zwei Sofortaufgaben erledigen. Um sie festzulegen, verfertigen Sie (1) eine Liste potentieller Sofortaufgaben und setzen Sie (2) Prioritäten. Hier ein paar Schweizer-Käse-Schritte, die zu Ihrem Jahresetat führen: Besorgen Sie sich die Unterlagen des letzten Jahres; überlegen Sie genau, mit welchen Leuten Sie sich in Verbindung setzen müssen; besorgen Sie sich die Unterlagen, die Sie für den neuen Etat brauchen; initiieren Sie eine Diskussion über den Etat; gehen Sie mit einem Mitarbeiter essen und übertragen Sie ihm einen Teil der Aufgabe (oder alle Präliminarien). Die einzige Regel, die für eine Liste möglicher Sofortaufgaben gilt: Beschränken Sie sich auf einfache Aufgaben, die sofort erledigt werden können und in gewisser Weise mit der Arbeit an dem großen A-1 zusammenhängen.

Was fünf Minuten bewirken können

Der Schweizer-Käse-Methode liegt die Annahme zugrunde, daß innerhalb von fünf Minuten tatsächlich der Einstieg in einen großen Aufgabenkomplex gelingen kann. Ist dieser Einstieg erst geschafft, haben Sie eine Basis, auf der sich aufbauen läßt. Vielleicht fesselt Sie eine Aufzeichnung derart, daß Sie erst nach einer Dreiviertelstunde anregender Lektüre merken, daß Sie Hunger haben. Schweizer Käse mag Ihnen vorzüglich bekommen — Schweizer Käse, der nicht dick macht und ausgezeichnet mundet.

Vielleicht müssen Sie beim ersten Versuch auch feststellen, daß Sie in einer Sackgasse gelandet sind. Sie rufen jemanden an, um eine Etatbesprechung nach dem Essen zu vereinbaren: Er hat erst morgen Zeit. Immerhin haben Sie es versucht, denken Sie. Vielleicht freuen Sie sich gar, daß Ihr erster Versuch mißlungen ist; jetzt haben Sie schließlich eine Ausrede für kommende Verzögerungen. Ein solcher Start ist nicht sehr vielversprechend. Die Schweizer-Käse-Methode soll zu einem dauerhaften Engagement führen.

Verlieren Sie also nicht gleich den Mut, wenn der erste Versuch auch fehlschlägt. Wählen Sie eine weitere Sofortaufgabe und versuchen Sie es noch einmal.

Bohren Sie nicht zweimal an derselben Stelle. Führt eine Sofortaufgabe nicht zum Engagement, sollten Sie umgehend zu einer weiteren Sofortaufgabe schreiten. Und bedenken Sie: Ein Loch im Schweizer Käse ist noch kein Stück Schweizer Käse. Eine ganze Reihe von Sofortaufgaben mögen nötig sein, um Ihr dauerhaftes Engagement zu sichern, das Sie für Ihr großes A-1 brauchen.

Ein Vorteil der Schweizer-Käse-Methode besteht darin, daß die Qual der Wahl bei den Sofortaufgaben unerheblich ist. Welche Sofortaufgabe Sie erledigen, ist letztlich unwichtig — sie muß nur leicht zu erfüllen sein (je leichter, desto besser) und mit dem großen A-1 in Verbindung stehen. Es kommt jetzt weniger darauf an, in welchem Umfang eine

Sofortaufgabe zur Bewältigung des gesamten A-1 beiträgt. Entscheidend ist im Augenblick, daß Sie etwas – irgend etwas – für Ihr A-1 tun. Was auch immer das sein mag: Ein Anfang ist gemacht.

Mit der Schweizer-Käse-Methode lassen sich mitunter unerwartete Breschen in einen unzugänglich scheinenden Komplex schlagen, die bis zum Kern eines Projektes führen können. Haben Sie zehn oder zwanzig Löcher in ein gewaltiges A-1 gebohrt, stürzt vielleicht eine Trennwand ein, und ein Blick ins Innere enthüllt zu Ihrer Freude, daß die zunächst kaum lösbar scheinende Aufgabe mit Sicherheit zu lösen ist. Vielleicht haben Sie eine Möglichkeit gefunden, einen beträchtlichen Teil der Arbeit zu delegieren. Oder Sie haben überraschend eine Abkürzung entdeckt. Oder die Aufgabe erweist sich plötzlich als einfach und angenehm. Vielleicht war es nur erforderlich, den unübersichtlichen Komplex in leicht faßbare Einzelteile zu zerlegen, die sich später wieder wie ein Puzzle zusammensetzen lassen.

Ein letzter Versuch

Schaffen Sie es einfach nicht, Ihre A-1-Aufgabe anzugehen, sollten Sie es mit einem Kompromiß versuchen. Nehmen wir an, Sie sind Ihrem A-1 schon den ganzen Tag aus dem Weg gegangen. Bevor Sie sich anderen Aufgaben zuwenden: Machen Sie einen letzten Versuch, doch noch an das A-1 heranzukommen. Blicken Sie auf die Uhr: Geben Sie Ihrer A-1-Annäherung noch genau fünf Minuten; schaffen Sie es in dieser Zeit nicht, so lassen Sie es für heute genug sein.

Erinnern Sie sich an Ihren letzten Sommerurlaub am See. Sie stehen am Ufer herum und denken daran, wie kalt das Wasser doch sein muß. Sie fragen ein paar Leute, die in ihrer Nähe stehen, und sie bestätigen, daß das Wasser in der Tat sehr kalt ist. Trotzdem waren sie schon im See, und es scheint ihnen Spaß gemacht zu haben. Gerne würden Sie es ihnen gleichtun – doch das kalte Wasser schreckt sie ab.

Endlich wagen Sie sich an das Ende des Sprungstegs und strecken Ihren großen Zeh ins Wasser — es ist kalt, ohne Zweifel. Sie strecken den ganzen Fuß hinein — es scheint noch kälter zu werden. Sie setzen sich und strecken todesmutig beide Füße in das kühle Naß — es kühlt sie sehr viel mehr, als Ihnen lieb ist. Mit äußerster Entschlossenheit tauchen Sie Ihre Füße tiefer in das eiskalte Element, langsam steigt das Wasser Ihre Waden hoch — es ist *kalt.*

Diese quälend langsame Tortur entnervt Sie völlig. Dann sagen Sie sich, Sie wollen nur für fünf Minuten ins Wasser. Sie stehen auf. Sollen Sie springen? Sie wollen springen. Sie wollen bis zum Floß schwimmen und wieder zurückschwimmen und (wenn es Ihnen dann noch keinen Spaß macht) das Wasser verlassen und sich abtrocknen und Tischtennis spielen.

Jetzt wollen Sie springen. Jetzt? Sie beschließen, von hundert abwärts zu zählen. Hundert, neunundneunzig, achtundneunzig . . . Sie zählen immer zögernder. Vier, drei, zwei, eins — Sprung! Sie tauchen ein und schwimmen auf das Floß zu.

Hören Sie auf, wenn Sie aufhören müssen!

Eine Stunde später sind Sie vielleicht immer noch im Wasser — wenn Ihnen das Schwimmen jetzt Spaß macht. Flüchten Sie sich nach fünf Minuten wieder an Land, warten Sie sicher, bis die Tischtennisplatte für Ihre Revanche mit dem besten Spieler frei wird.

Nach dem Urlaub mögen Sie sich eines Tages fragen, ob diese »Nur-fünf-Minuten«-Methode auch bei Ihrer Gymnastik wirkt. Ihr Arzt hat Ihnen Gymnastik empfohlen. Ein Handbuch für Gymnastik besitzen Sie bereits, doch die Übungen darin stoßen Sie ab. Während der vierzehn Tage vor dem Urlaub stöhnten Sie jeden Morgen beim Aufstehen: »Nein, nicht heute. Vielleicht morgen.«

Jetzt haben Sie genug gestöhnt und wollen statt dessen

Gymnastik betreiben. Sie sagen sich, daß Sie doch ganz gewiß nur fünf Minuten täglich Ihren Körper stählen können. Sie holen Ihren Zeitmesser und stellen ihn auf fünf Minuten ein; dann schlagen Sie das Buch auf und beginnen eine Übung, wobei Sie mit einem Auge immerzu auf den Zeitmesser schielen. Sobald er läutet, sind Ihre Strapazen beendet, und Sie seufzen erleichtert auf. Das Seufzen und das Stöhnen haben Sie noch nicht verlernt — doch mit der Gymnastik haben Sie begonnen. Vielleicht klappt es auch morgen mit der »Nur-fünf-Minuten«-Methode. Vielleicht werden aus den fünf Minuten allmählich sechs, sieben oder acht Minuten.

Die »Nur-fünf-Minuten«-Methode kann Ihnen auch bei der Arbeit helfen. Sie verzögern das A-1-Projekt, weil Sie das Schlimmste fürchten; doch haben Sie erst Zugang zu der Aufgabe gefunden, verringern sich allmählich auch Ihre Befürchtungen (haben Sie diese Erfahrung nicht schon oft gemacht?). Die »Nur-fünf-Minuten«-Methode verschafft Ihnen vielleicht diesen Zugang. Experimentieren Sie einfach fünf Minuten lang; rühren Sie leicht an irgendeinen Aspekt Ihres A-1.

Was ist Ihnen dabei aufgefallen? War das A-1 so unerfreulich, wie Sie dachten? War es öde? War es wirklich so erdrückend? War es so anspruchsvoll? Wird es wirklich so unendlich lange dauern? Erscheint es Ihnen wirklich aussichtslos?

Sie dürfen nicht erwarten, daß Sie nach fünf Minuten alle diese Fragen erschöpfend beantworten können. Wenn Sie aber ganz vergessen, daß Sie nach fünf Minuten aufhören wollten, so macht das wirklich gar nichts aus. Es wäre schön, wenn Sie sich so schnell engagieren könnten. Führt Sie dieser Versuch jedoch nicht unmittelbar zu einem dauerhaften Engagement, so wissen Sie danach immerhin etwas mehr als zuvor. Vielleicht hilft Ihnen Ihr Unterbewußtsein, morgen Zugang zu dem A-1 zu finden. Und reden Sie sich bloß nicht ein, Sie würden den ganzen Mittwochnachmittag für das A-1 reserviert haben, hätten Sie heute nicht in fünf Minuten festgestellt, wie unerfreulich doch das Ganze ist! Seien Sie ehrlich: Eigentlich wissen Sie doch, daß Sie am Mittwoch in den ersten fünf Minuten Ihr Tagespensum absolviert hätten. Jetzt können Sie am Mittwoch Ihre *zweiten* fünf Minuten opfern — oder den ganzen Nachmittag.

Manchmal sehen Sie sich auch nach zehn oder zwanzig Sofortaufgaben noch immer mit einem zeitraubenden Komplex konfrontiert. Erfordert eine Aufgabe zwölf Stunden Arbeit, läßt sie sich kaum in Fünf-Minuten-Etappen bewältigen. Sie brauchen dafür einigermaßen ansehnliche Zeitblöcke von jeweils einer oder mehreren Stunden. Ich schlage vor, daß Sie sich einen Zeitplan ausarbeiten, der täglich eine Stunde für das fragliche Projekt vorsieht; an zwei Nachmittagen der Woche sollten Sie jedoch drei Stunden reservieren (vielleicht am Dienstag und am Donnerstag). Haben Sie Ihre zwölf Stunden auf diese Weise eingeplant, können Sie sich an die Arbeit machen.

Vielleicht konnten Sie wegen der Sofortaufgaben die A-1-Aufgabe nicht zu Ende bringen, aber wenigstens verschiedene Aspekte davon ausloten. Die eine oder andere anregende Frage, das eine oder andere reizvolle Problem haben Ihre Aufmerksamkeit erregt. Sie geraten in den Sog Ihres A-1. Allmählich brennen Sie geradezu darauf, immer wieder auf die Aufgabe zurückzukommen. Ihr Ziel gewinnt scharfe Konturen. Plötzlich stecken Sie mitten in der Arbeit. Jetzt können Sie auf die Krücke der Sofortaufgaben verzichten. Sie schieben das A-1 nicht mehr vor sich her — Sie arbeiten daran!

Diese Aussicht klingt verlockend — geben Sie es ruhig zu. Entscheiden Sie sich für Sofortaufgaben, die Ihnen gute Startbedingungen verschaffen, Verzögerungen ausschalten und Ihnen helfen, große Aufgaben durch eine Reihe überschaubarer Aktivitäten zu lösen.

15

Finden Sie Sofortaufgaben, die sofort ein dauerhaftes Engagement herbeiführen!

Planen Sie (noch) detaillierter!

Sie haben noch immer Schwierigkeiten, in der Arbeit an dem A-1 aufzugehen? Sind Sie ganz sicher, daß Sie Ihr Ziel genau anvisiert haben? Wenn Sie damit Kummer haben, müssen Sie wahrscheinlich (noch) detaillierter planen. Eine allgemeine Regel lautet: Je detaillierter der Plan, desto größer die Aktionsbereitschaft. Und denken Sie daran: Planen heißt Entscheidungen treffen.

Zunächst werde ich Ihnen zeigen, wie Sie manche Entscheidungen treffen können, um Ihre Einstellung zu dem A-1 zu konsolidieren. Nehmen Sie ein Blatt Papier zur Hand und schreiben Sie oben darauf: »Ich habe beschlossen:« Jetzt folgt eine Stunde der Entscheidung, die fünf Minuten dauert.

Notieren Sie alle Entscheidungen, die sich auf das A-1 beziehen. So etwa den Zeitpunkt des Beginns; die erste Aktivität; die nächste Aktivität; die Zeit, die überhaupt für die Aufgabe zur Verfügung steht; die Informationen, die beschafft werden müssen; das sonstige Material, das Sie brauchen; die mit an dem A-1 Beteiligten. Je konkreter Ihre Angaben ausfallen, desto wahrscheinlicher erscheint es, daß Sie gangbare Wege finden, die Sie zum Kern des A-1 führen.

Wenn Sie bei dieser Art detaillierter Planung auf Schwierigkeiten stoßen, können Sie es mit dem magischen Wort »Wenn« versuchen.

Gestehen Sie sich ein: »Ich kann einfach nicht planen.« Sagen Sie sich dann: »Aber *wenn* ich planen könnte — wie würde dann mein Plan aussehen?« Versuchen Sie nun, die *Wenn*-Frage zu beantworten. Das Gedankenspiel »Ich kann nicht ... aber wenn ich könnte ...« entrückt Sie vorübergehend den akuten Problemen, mit denen Sie Ihr A-1 konfrontiert. Ihre Planungsmuskeln können sich einen Augenblick entspannen.

Oder stellen Sie sich folgendes vor: Nicht Sie sind es, der das diffizile A-1 meistern muß. Sie haben lediglich einen Plan zu erstellen, nach dem sich ein anderer zu richten hat. Sie sollen diese Person umfassend beraten; schließlich verfügen Sie in dieser Sache bereits über einige Kenntnisse. Ist der Plan einmal schriftlich fixiert, können Sie die Bürde seiner Ausführung auf die Schultern des anderen wälzen. Sie haben damit nichts zu tun; Sie haben nur zu planen, was ein anderer tun soll.

Was also würden Sie dieser Person empfehlen? Scheuen Sie sich nicht, Schritte zu bezeichnen, die Ihnen selbst schwerfallen würden. Der andere wird sie unternehmen müssen — dazu ist er schließlich da.

Den fertigen Plan legen Sie dann mitten auf den Schreibtisch und machen erst einmal eine Pause. Gehen Sie zum Wasserkühler. Unterhalten Sie sich mit einem Kollegen. Entspannen Sie sich. Sind Sie dann wieder an Ihrem Schreibtisch, werfen Sie einen Blick auf den Plan, dem der andere zu folgen hat; überlegen Sie, ob Sie ihm irgendwie behilflich sein könnten. Wahrscheinlich werden Sie Details entdecken, die Ihnen besonders gut liegen. Wie wäre es, wenn Sie sich daran versuchten, bevor der andere auftaucht — nur um das A-1 in Gang zu bringen?

Es ist eine Tatsache: Das magische Wort »Wenn« hilft Ihnen nicht nur, die nötigen Schritte zu planen — es versetzt Sie auch oft in die Lage, diese Schritte zu unternehmen.

Verschaffen Sie sich mehr Informationen!

Manchmal kann ich mich einfach nicht einer Aufgabe zuwenden, sosehr ich mich auch bemühe. Einmal wollte ich hinter meinem Haus einen Innenhof anlegen. Doch ich hatte keine Ahnung, welches Material oder Werkzeug ich dazu benötigte. Ich habe nie mit diesem Innenhof begonnen.

So etwas ist nicht ungewöhnlich, aber bisweilen verhängnisvoll. Man leidet an Informationsmangel. Man entwickelt kein echtes Interesse. Man kann sich nicht echt engagieren. Aktionen unterbleiben.

Eine Redensart besagt, Vertrautheit erzeuge Verachtung. Sie entspricht oft nicht der Wahrheit. Mangelnde Vertrautheit ist oft die Ursache von mangelndem Interesse. Ich las einmal über ein Experiment, das mit Studenten durchgeführt wurde: Man legte ihnen eine Liste mit achtundvierzig Fragen über wirbellose Tiere vor und forderte sie auf, die zwölf Fragen zu benennen, deren Antworten sie am stärksten interessierten. Überraschenderweise wurde Fragen über vertraute Tiere häufiger angegeben als Fragen über Tiere, die allgemein wenig bekannt waren.

Bei einem anderen Experiment zeigte man Studenten einige ungewöhnliche Objekte, die aus Museen entliehen waren. Der Leiter des Experiments gab der Reihe nach zu jedem Objekt eine Erklärung ab; dreimal nacheinander ging er die Sammlung durch und fügte jedesmal eine weitere Information hinzu. Bei jeder Vorführung eines Objekts wurden die Studenten aufgefordert, anhand einer Skala (die von 1 bis 5 reichte) ihr Interesse für weitere Auskünfte über den Gegenstand zu bekunden. Dabei zeigte sich eindeutig die Tendenz, daß das Interesse der Studenten mit jeder erneuten Präsentation wuchs.

Es läßt sich also experimentell beweisen, daß es zumindest einer fragmentarischen Information bedarf, um Interesse an einem wie auch immer gearteten Gegenstand zu erwecken. Dies zeigt auch unsere alltägliche Erfahrung. Umfragen über Nachrichtensendungen in Funk und Fernsehen haben ergeben, daß das Publikum der Sechs-Uhr-Nachrichten oft auch um 11 Uhr Nachrichten hört. Menschen, die kaum eine Nachrichtensendung auslassen, informieren sich wahrscheinlich auch durch eine oder zwei Zeitungen. Einige Informationshappen wecken den Appetit auf weitere Informationen.

Wer liest bestimmte Hobbyzeitschriften? Leute, die ein bestimmtes Hobby haben (oder zumindest etwas darüber wissen). Ob es um Modelleisenbahnen, um Skifahren oder um Gartenpflege geht — die meisten Leser solcher Organe lesen ihre Hobbyzeitschrift regelmäßig und brennen auf neue Anregungen. Wer am Zeitungsstand nur einen Blick auf derartige Publikationen wirft, mag sich sehr wohl fragen, wie jemand bloß um alles in der Welt sich dafür interessieren kann. Da er von der Sache grundsätzlich nichts versteht, hält er die einzelnen Anregungen für bedeutungslos.

Meist muß man mit einem Gegenstand in gewisser Weise schon vertraut sein, um ein weiterführendes Interesse an der Sache zu gewinnen. Ist dieser elementare Informationsstand gegeben, kann sich das Engagement mit zunehmender Erfahrung steigern. Die Beschaffung von Informationen ist deshalb eine Sofortaufgabe, die auf ein dauerhaftes Engagement abzielt.

Sie erfüllen eine (für die meisten Leute) einfache Sofortaufgabe, wenn Sie lesen: Bücher, Magazine, Zeitungen, Berichte, Akten, Briefe. Erstreckt sich die Lektüre auch nur über Minuten, kann sie dennoch bereits Ihr Interesse an einem Thema wecken, das Ihnen zuvor recht gleichgültig war. Und Lesen ist eine recht angenehme Beschäftigung, die wenig Energie erfordert.

Auch Gespräche bieten ergiebige Informationsmöglichkeiten — Gespräche mit den Menschen Ihrer Umgebung, zu

Hause, in der Nachbarschaft, an Ihrem Arbeitsplatz. In Gesprächen können Sie auf angenehme Weise Informationen über Ihr A-1 sammeln.

Versuchen Sie es mit einer weiterführenden Aufgabe!

Sind Sie wirklich alles andere als in A-1-Verfassung, doch nicht generell abgeneigt, etwas zu tun, so tun Sie etwas: Unternehmen Sie einen praktischen Schritt. Ein Akt, der sichtbare Spuren hinterläßt — mag er auch nur durch einen Griff vollzogen werden, zunächst banal erscheinen oder mehr symbolische Bedeutung haben —, kann Ihnen als Wegweiser zu Ihrem A-1 dienen. Wenn Sie einen solchen Akt vollziehen, erfüllen Sie eine »weiterführende Aufgabe«. Eine Aufgabe, die Sie weiterführen soll — zu Ihrem A-1.

Müssen Sie einen Bericht abfassen, so empfiehlt sich die Sofortaufgabe, sich einige Notizen über die erwähnenswerten Punkte zu machen. Doch nehmen wir an, daß Sie sich selbst dazu nicht in der Lage fühlen. Ihr nächster Akt: Spitzen Sie einen Bleistift. Ich mache keine Witze! Ich behaupte nicht, daß Sie mit gespitztem Bleistift ohne weiteres Ihre A-1-Barriere durchstoßen; immerhin mag Sie der scharfe Bleistift stimulieren, einige Worte von Belang zu notieren, ehe Sie ihn wieder sinken lassen.

Irgendein Gegenstand, der in Verbindung zu Ihrem A-1 steht, vermag mitunter nur durch seine physische Präsenz ein Engagement zu provozieren. Eine sinnvolle weiterführende Aufgabe besteht darin, einen solchen Gegenstand an einer Stelle zu plazieren, wo er ins Auge sticht. Sie müssen einen Brief beantworten, haben dies jedoch bisher vermieden. Legen Sie ihn einfach mitten auf den Schreibtisch. Dadurch erhöhen Sie die Chance, daß Sie ihn früher oder später zur Hand nehmen und die Antwort konzipieren — vielleicht wenn Sie Ablenkung von einer anderen Aufgabe suchen. Eine nützliche weiterführende Aufgabe kann es auch sein, alles, was Sie ablenken könnte, von Ihrem Schreibtisch zu entfernen (etwa Kostenabrechnungen, Einladungen zu Cocktail-Parties oder eine Nummer des *›Playboy‹*). Sie wenden sich viel eher Ihrem A-1 zu, wenn Sie sich nur mit ihm konfrontiert sehen.

Nehmen wir an, Sie wollen ernsthaft *»Krieg und Frieden«* lesen; doch Sie kommen einfach nicht dazu. Ich kann Ihnen weiterführende Aufgaben empfehlen: Kaufen Sie das Buch. Lassen Sie es nicht in Ihrem Regal verstauben: Legen Sie es auf den Platz, an dem Sie am liebsten lesen — aufgeschlagen. Zeigen Sie es einem Freund und sagen Sie: »Endlich habe ich damit begonnen!«

Häufig erzählen mir Leute von einem Hobby, das ihnen früher viel Spaß gemacht hat, von dem sie heute aber nur noch träumen. So bedauerte ein Mann, daß er seit fünf Jahren nicht mehr Tennis gespielt hatte. Sein Tennisschläger, so erfuhr ich, ruhte unter Gerümpel im Schrank; seine letzten Tennisbälle waren uralt und nahezu unbrauchbar. Kein Wunder, daß das Tennisspielen für ihn nur noch ein Traum war.

Eine weiterführende Aufgabe würde diesem Manne sicher helfen, seinen Tennistraum in reale Dimensionen zu verlagern. Er könnte seinen Schläger neu bespannen lassen. Oder neue Tennisbälle kaufen. Oder seine ganze Ausrüstung in den Kofferraum seines Wagens packen. Ließe er dann noch immer jeden Tennisplatz links liegen, könnte er seinen Schläger auf den Sitz legen — so daß er ihn wegnehmen müßte, wenn er sich setzen wollte. Reizt ihn das Tennisspielen wirklich, müßten diese Stimulantia ausreichen, um endlich einmal den Schläger entschlossen in die Hand zu nehmen und ein paar Bälle zu schlagen. Ob er dadurch wieder ein leidenschaftlicher Tennisspieler wird, ist eine andere Frage — der wir im Augenblick nicht nachgehen wollen.

Einen Anfang hat er jedenfalls gemacht — und man muß einmal anfangen, um weitermachen zu können.

Einer meiner Klienten beschloß, jeden Morgen etwas früher aufzustehen, um Zeit für eine neue Beschäftigung zu finden. Er stellte seinen Wecker eine halbe Stunde vor — vergebens, denn er versank sofort wieder in tiefen Schlummer. Ich schlug ihm vor, sich eine weiterführende Aufgabe zu stellen. Er entfernte den Wecker von seinem Bett und stellte ihn direkt vor die Badezimmertür. Erhob er sich dann morgens, um den Wecker abzustellen, geriet er in den Bannkreis des Badezimmers; und es bedurfte nur einer minimalen zusätzlichen Anstrengung, um den kurzen Weg zum Waschbecken zurückzulegen und sich die Zähne zu putzen. Nach dem Zähneputzen bestand immerhin die Möglichkeit, erneut das Lager aufzusuchen. Doch wenn er diesen Akt vollzogen hatte, konnte er schließlich auch aufbleiben — meinte er: Denn seit Jahren schon markierte für ihn diese Reinigung der Kauwerkzeuge den Beginn der Zeit, die er täglich außerhalb des Bettes zu verbringen hatte.

Weiterführende Aufgaben, die Erfolg versprechen, nehmen oft nur einen Augenblick in Anspruch. Wir alle wissen: Wenn man die Zähne zusammenbeißt, fördert das die Entschlossenheit; wenn man sich im Sessel vorbeugt, steigert das wahrscheinlich die Aufmerksamkeit; wenn man tief Atem holt, dient das der Entspannung. Verhalten Sie sich dementsprechend, erscheint der Weg zu Ihren Zielen zumindest nicht versperrt. Viele zeigen ein solches Verhalten, ohne überhaupt daran zu denken. Sehen Sie jemanden in die Augen, der etwas berichtet, dann hören Sie ihm eher zu. Unterbrechen Sie Ihre abendliche Lektüre dadurch, daß Sie aufstehen und die Glieder strecken, werden Sie eher wach bleiben. So helfen Sie sich, das zu tun, was Sie tun wollen. Halten Sie nach derartigen Gelegenheiten Umschau — Sie werden sie finden.

Noch eine nützliche weiterführende Aufgabe besteht

darin, daß Sie die (äußerlichen) Vorbereitungen für eine Aufgabe treffen, der Sie sich (vorübergehend) nicht gewachsen fühlen. Stellen Sie sich in gewisser Weise trotzdem auf die Arbeit ein. Bereiten Sie sich darauf vor, etwas zu sagen, auch wenn Sie nichts zu sagen haben. Wenn Sie etwas schreiben müssen, setzen Sie sich an die Schreibmaschine. Schreiben Sie etwa: »Ich weiß überhaupt nicht, was ich schreiben soll.« Schütten Sie der Schreibmaschine dann Ihr Herz aus — schreiben Sie alles, was Ihnen in den Sinn kommt, wirklich alles. Vielleicht läßt sich so Ihr Geist so langsam wachkitzeln — vielleicht können Sie alsbald ein neues Blatt einspannen und A-1-Gedanken zu Papier bringen.

Müssen Sie diktieren, schalten Sie Ihr Diktiergerät ein. *Lassen Sie es eingeschaltet,* auch wenn Sie nichts zu sagen haben. Das laufende Gerät kann Sie vielleicht bald stimulieren — wenn nicht zwingen —, sich zu äußern. Sagen Sie irgend etwas — beginnen die Worte erst zu fließen, können Sie den Strom in die Richtung Ihres A-1 kanalisieren. Wollen Sie Ihr Diktiergerät erst anschalten, wenn Sie genau »das Richtige« zu sagen haben, finden Sie vielleicht nie einen Anfang.

Bangt Ihnen vor einem wichtigen Anruf, nehmen Sie den Hörer von der Gabel und rufen Sie einen Freund an. Versuchen Sie Ihrem Freund zu erklären, daß Sie es einfach nicht schaffen, den Hörer abzunehmen, die Nummer zu wählen, guten Tag zu sagen und diesem Burschen mitzuteilen, daß ... Augenblick! Soeben haben Sie es mitgeteilt! Wenn Ihnen das einmal gelungen ist, gelingt es Ihnen auch ein zweites Mal. Sie können dieses A-1-Gespräch führen.

Nicht immer werden Sie auf diese Weise einen Weg zu Ihrem A-1 finden. Doch solche Schritte *können* zu einem dauerhaften Engagement führen — ich habe es oft beobachtet.

Nutzen Sie Ihre augenblickliche Stimmung!

Mangelndes Engagement an einem A-1 kann auch daher rühren, daß dieses A-1 oft eine Tätigkeit bedingt, zu der die emotionale Bereitschaft fehlt. Ein A-1 macht es vielleicht erforderlich, ruhig am Schreibtisch zu sitzen und nachzudenken, während man sich viel lieber unterhalten will. Nun hat man zwei Möglichkeiten: Man kann seinen A-1-Entschluß vergessen und sich mit jemandem unterhalten, nur um sich zu unterhalten; man kann seine gesprächige Stimmung aber auch *für* sein A-1 nutzen — und nicht nur, um vor ihm zu fliehen.

Es kommt darauf an, daß Sie Ihr emotionales Bedürfnis daraufhin untersuchen, ob Sie es in einer Weise befriedigen können, die etwas mit Ihrem A-1 zu tun hat. Das eben genannte Beispiel legt ein Gespräch mit einem A-1-Beteiligten nahe, der Ihnen vielleicht weiterhilft. Nachdem Ihr Bedürfnis befriedigt ist und Sie überdies noch einen guten A-1-Rat erhalten haben, fällt es Ihnen gewiß leichter, sich an den Schreibtisch zu setzen und Gedanken zu wälzen.

Gespräche dienen, wie wir wissen, nicht nur dem Vorankommen; sie können die Arbeit auch verzögern. Zu beobachten ist dies etwa in den Büros der meisten Börsenmakler. Börsenmakler brauchen — und wünschen — den Kontakt zu anderen Menschen. Dieses Bedürfnis ließe sich sinnvoll befriedigen, indem man Kunden und auch potentielle Kunden anruft und versucht, Aktien zu verkaufen. Es läßt sich auch dadurch befriedigen, daß man sich mit Maklerkollegen unterhält. Auch sind Börsenmakler recht zugänglich und für ihre Freundlichkeit bekannt; potentielle Kunden lassen sich nicht ohne weiteres ansprechen und reagieren nicht in jedem Falle freundlich.

Deshalb vergeuden sehr viele Börsenmakler sehr viel wertvolle Zeit, um mit anderen Maklern ihre Ansichten über Sport, Politik und Frauen auszutauschen.

Gelegentlich will jeder auch allein sein, um sich in aller Ruhe Schriftlichem zu widmen. Dieses echte emotionale Bedürfnis wird befriedigt, wenn man schriftliche Routinearbeiten erledigt, den ganzen schriftlichen Eingang durchgeht oder einen Stapel mehr oder minder wichtiger Notizen ordnet. Gehen Sie dieses Bedürfnisses wegen Ihrem A-1 aus dem Weg, so können Sie es mit einer Methode versuchen, mit der Sie Ihr Bedürfnis befriedigen und doch etwas für Ihr A-1 tun können. Ordnen Sie alphabetisch all Ihre A-1-Papiere, achten Sie auf eine einwandfreie schriftliche Form, erstellen Sie sorgfältige Listen der Punkte, die Ihr A-1 umfaßt (ohne einen Gedanken daran zu verschwenden, daß Sie sich mit diesen Punkten auseinanderzusetzen haben), oder formulieren Sie eine A-1-Notiz noch einmal (selbst wenn es an ihrer letzten Form nichts auszusetzen gab).

Nun könnten Sie mich sehr wohl fragen: »Habe ich nicht mehr davon, wenn ich mich eingehend einer anderen Aufgabe widme, als wenn ich mich mit Banalitäten befasse, die irgend etwas mit dem A-1 zu tun haben?«

Meine eindeutige Antwort auf diese Frage lautet: »Nein!« Haben Sie noch nicht die rechte Einstellung zu dem A-1 gefunden, dann tun Sie etwas, tun Sie irgend etwas, was mit Ihrem A-1 in Verbindung steht. Haben Sie erst Zugang zu Ihrer Aufgabe, wird Sie Ihr Sinn für Prioritäten schließlich dazu führen, Ihre Arbeit an dem A-1 produktiver zu gestalten. Wenden Sie sich jedoch einer anderen Aktivität zu, tragen Sie überhaupt nichts dazu bei, den Mechanismus der A-1-Verzögerung auszuschalten; und Sie rauben sich die Möglichkeit, ein dauerhaftes Engagement zu finden.

Manchmal warten Sie am besten ab, bis Sie in der Stimmung sind, die Ihrer geplanten Aktivität entspricht. Sie wollen ja nicht zu viel Energie verschwenden und sich mit aller Gewalt zu einer Tätigkeit zwingen, die Ihnen gegen den Strich geht. Doch vor allem wenn Ihr A-1 einen Komplex darstellt, der eine Reihe von Schritten bedingt, mag Ihnen oft zumindest ein besonderer Aspekt Ihres Projekts auch in Ihrer gegenwärtigen Verfassung attraktiv erscheinen. Ihre Aufgabe ist es, solche Aspekte und Details zu finden.

Eine gute Frage lautet nun: »Was *will* ich an dem A-1 tun?« Sie könnten sich auch fragen: »Dieses A-1 erfordert viele Schritte, zu denen ich nicht die geringste Lust verspüre. Doch finde ich nicht irgendeinen Aspekt attraktiv, anregend oder wenigstens erträglich?«

Finden Sie ein Detail Ihres A-1, das Ihrer Stimmung entspricht. Dadurch führt Sie Ihr gegenwärtiges Bedürfnis an die große Aufgabe heran — und nicht in eine andere Richtung.

Nehmen wir an, Sie schreiben ein Buch. Sie haben momentan nicht die geringste Lust, auch nur eines der zwölf Kapitel umzuschreiben, die völlig überarbeitet werden müssen. Gerne widmen Sie sich aber der Lektüre der Bemerkungen, die der Lektor zu den fast fertigen Kapiteln geschrieben hat.

Oder Sie stehen vor einem wichtigen Examen. Sie sind nicht recht in Stimmung, die Literatur durchzugehen, die Ihr Professor empfohlen hat. Aber Sie fühlen sich in der Lage, Ihre eigenen Skripten zu lesen, was ohnedies zu Ihren Vorbereitungen gehört.

Ein stimulierendes Selbstgespräch

Vielleicht resultiert Ihr mangelndes Engagement aus mangelnder Motivierung. In diesem Falle sollten Sie ein paar Minuten investieren, um eine Motivierung herbeizuführen.

Es ist erwiesen, daß die meisten Leute nichts beginnen, was sie ihrer Meinung nach nicht auch zu Ende führen können. Dagegen wagen sie sich meist an eine Aufgabe, die ohne weiteres lösbar scheint — selbst wenn sie tatsächlich nicht zu bewältigen ist. Die Basis ihrer Aktivitätsbereitschaft bildet ihre subjektive Einschätzung der Erfolgsaussichten.

Bedenken Sie also: Erscheint Ihnen eine Aufgabe *gefühlsmäßig* diffizil oder gar unlösbar, werden Sie sich nicht so leicht zu einem Anfang bereit finden, als wenn Sie keine Schwierigkeiten erwarteten. Doch halten Sie sich stets vor Augen, daß es sich hier um ein *Gefühl* handelt. Dieses Gefühl entspricht nicht unbedingt den Tatsachen. Da Sie nicht mit Sicherheit wissen, welche Anstrengung eine Aktivität erfordert, können Sie nur profitieren, wenn Sie Ihre Projekte nicht als allzu anstrengend oder undurchführbar werten. Das steigert die Wahrscheinlichkeit beträchtlich, daß Sie Ihr A-1 angehen. Es erscheint ganz logisch: Wenn Sie an den Erfolg glauben, werden Sie sich stärker dafür einsetzen. Um Selbstvertrauen zu gewinnen, können Sie ein kleines Selbstgespräch führen; es mag Ihnen helfen, eine positive Einstellung zu Ihrem A-1 zu gewinnen. Eine solche Einstellung führt meist zu einem Engagement, mit dem Sie Ihre Aufgabe bewältigen. Stimulieren Sie sich selbst, wie der Fußballtrainer in der Halbzeit seine Mannschaft stimuliert:

»Du kannst es doch. Also bleib am Ball!«

»Hör auf mit dem dauernden Selbstmitleid und mach dich an die Arbeit!«

»Du weißt gar nichts, bevor du es versucht hast.«

»Deine Unkenrufe können mir gestohlen bleiben!«

Solche Slogans helfen Ihnen, Ihre Befürchtungen zu bekämpfen.

In Ihrem Aufmunterungsgespräch können Sie auch erwähnen, welche Vorteile eine A-1-Bewältigung bringt — und welche Nachteile entstehen, wenn Sie es jetzt nicht schaffen.

Verpflichten Sie sich einem Mitmenschen!

Sie fassen einen guten Vorsatz: »Heute nachmittag befasse ich mich eine Stunde lang mit dem und dem.« Der Nachmittag kommt, der Nachmittag geht; Sie haben sich keine

Minute damit befaßt. Haben Sie aber eine Diskussion über die Angelegenheit vereinbart, werden Sie sich an die Vereinbarung wohl halten. Sie werden sicher die Besprechung wahrnehmen — denn Sie sind eine mitmenschliche Verpflichtung eingegangen und wollen Ihren Gesprächspartner nicht im Stich lassen. Ich habe den Eindruck, daß manchen meiner Klienten der Termin bei mir als Stimulans dient, um ein wichtiges A-1 in Angriff zu nehmen. Sie wollen mich nicht vergebens warten lassen; sie wollen auch nicht für eine Beratung bezahlen, die sie gar nicht in Anspruch genommen haben. Es geht um ihre Geltung und ihr Geld — und diese Dinge spornen in der Tat die Menschen an.

Welche Verpflichtungen können Sie eingehen — wem gegenüber sollen Sie sich verpflichten?

Sie können beispielsweise Ihrem Mann versprechen, im Garten rechtzeitig die Grillparty vorzubereiten, die er arrangiert hat; Sie können Ihrer Frau versprechen, abends ein Soufflé zu machen, wenn sie aus dem Büro kommt; Sie können Ihrem Chef versprechen, ihm seine Unterlagen zu präsentieren, wenn er von der Geschäftsreise zurückkehrt. Derartige Zusagen aktivieren Ihre emotionale Aktionsbereitschaft — in der Regel ausreichend, um die Lösung Ihrer Aufgabe zu sichern.

Ein Termin, mag er auch noch so unerfreulich sein, scheint gleichfalls angetan, Aktionen zu forcieren. Sie stimulieren sich enorm, wenn Sie versprechen, einen Termin zu wahren und die Sache nicht auf »später« zu verschieben. Wenn Freunde vorschlagen, daß Sie sich »mal treffen«, dann wollen sie sich vielleicht ganz bewußt nicht festlegen. Doch wenn Ihnen wirklich an Ihrer Gesellschaft gelegen ist, so lassen Sie die Freunde nicht entrinnen, ehe Sie einen bestimmten Zeitpunkt verabredet haben.

Auch die Teilnehmer an einer Konferenz haben sich auf einen bestimmten Termin verpflichtet. Eine Konferenz beinhaltet die Verpflichtung, zu einer bestimmten Zeit an einem bestimmten Ort ein bestimmtes Thema zu erörtern; sie ist ein schwerfälliges Instrument, wenn es entscheidende Aktivitäten in Gang zu bringen gilt. Immerhin: Sie sind sicher abgeneigt, gänzlich unvorbereitet in die Konferenz zu gehen; also bereiten Sie sich vor. Sie befassen sich eingehend mit der Sache – eingehender zumindest als zuvor.

Konferenzen kommen oft Zeitverschwendungen im allergrößten Stil gleich. Fast immer sind sie unergiebig. Viele Äußerungen erscheinen irrelevant oder zu weitschweifig. Die wesentlichen Punkte werden kaum berührt. Aber was kann man erwarten? Wüßten diejenigen, die Konferenzen einberufen, alles alleine und könnten sie einfach das Nötige veranlassen, so gäbe es bald keine Konferenzen mehr.

Die meisten Konferenzen kommen zustande, weil jemand ein A-1 nicht ohne weiteres oder ohne Unterstützung erledigen kann. Damit entscheidenden Problemen nicht ohne Aufbietung aller Kräfte die Lösung versagt bleibe, trommelt das Exekutivkomitee der Superorganisation oder das Mitgliederkomitee des Sportvereins alle an einer bestimmten Angelegenheit Beteiligten zusammen und erreicht dadurch zumindest, daß das A-1-Problem in zahlreiche Gehirne Eingang findet. Es mag eine Sofortaufgabe sein, eine Konferenz einzuberufen; die Teilnahme an einer Konferenz scheint mir im Rahmen einer Sofortaufgabe nicht gewährleistet. Sehr vieles läßt sich besser alleine erledigen.

16

Ein Reizwechsel kann Sie bei der Stange halten

Sind Sie erst einmal bei der Sache, bleiben Sie oft bis zum Ende bei der Sache. Das Aufräumen nach einer Party können Sie stundenlang hinausschieben – doch wenn Sie tatsächlich beginnen, das Geschirr zu spülen, die Aschenbecher zu säubern oder den Staub zu saugen, dann bleiben Sie dabei, bis alle Arbeit getan ist. Oder wenn Sie ungestört in Ihrem Büro sitzen, breiten Sie auf Ihrem Schreibtisch alle Hotel-, Flugzeug- und Mietwagenbelege einer langen Geschäftsreise aus und geben nicht auf, bis alle nötigen Formulare ausgefüllt sind und Sie sich Ihre Kosten von der Firma erstatten lassen können.

Viele Aufgaben lassen sich so rasch erledigen oder legen ihre Erfüllung so nahe, daß Ihre Aktionsbereitschaft Sie selbst nach einer Unterbrechung unmittelbar zum Kern der Sache zurückführt, so wie auch ein gutes Buch Sie bis zur letzten Seite immer wieder in seinen Bann zieht.

Es kann aber auch sein, daß Sie sich über eine weite Strecke wacker halten, doch keine Kraft zum Endspurt haben. Vielleicht sitzen Sie seit anderthalb Stunden an Ihrem Schreibtisch und arbeiten an dem Text zu einer Fernsehdokumentation – und plötzlich fällt Ihnen nichts mehr ein. Oder Sie haben sich bereit erklärt, für einen wohltätigen Zweck Umschläge zu adressieren. Um 17 Uhr müssen Sie fertig sein; doch auf halber Strecke entwickeln Sie einen abgrundtiefen Haß gegen Postleitzahlen.

Sie wissen, daß Sie Ihre Zeit am besten nutzen, wenn Sie

mit Ihrem A-1 fortfahren. Sie haben sich gesagt, daß Ihre Zeit zu kostbar für Verzögerungen ist. Sie haben sich echt engagiert. Sie sind in Schwung gekommen. Und nun ist der Schwung dahin. Was sollen Sie jetzt bloß noch tun, um ein wirklich dauerhaftes Engagement zu finden?

Eine Antwort lautet: Planen Sie immer den nächsten Schritt. Oft versandet ein Projekt, weil eben der nächste Schritt nicht geplant ist. Sie müssen ihn stets klar vor Augen haben, wenn Sie sich Ihren Weg durch eine Aufgabe bahnen. Setzen Sie sich eine Zeit, zu der Sie kontrollieren, ob Sie den geplanten Schritt vollzogen haben.

Langeweile überflüssig!

Man braucht sich nicht zu wundern, wenn sich Langeweile, Unruhe oder Erschöpfung einstellen, nachdem man sich eine gewisse Zeit derselben Aufgabe gewidmet hat. Der Wunsch nach einem Wechsel ist verständlich. Abwechslung würzt nicht nur den Alltag; sie ist so wichtig wie das tägliche Brot.

Man hat bereits Experimente durchgeführt, in denen ein Mensch in die streng kontrollierte Umgebung eines Raumes gebracht wurde. Seine Reaktionen wurden überwacht. Bei einem dieser Experimente liegt die Versuchsperson bequem auf einem Bett — die meiste Zeit in völliger Dunkelheit. Für die Befriedigung ihrer physischen Bedürfnisse ist gesorgt: Sie drückt auf einen Knopf und findet ein warmes Essen hinter einem Schiebefenster.

Die meisten Menschen, die sich diesem Test unterzogen, reagierten nach fünf Tagen mit Hysterie und Wahnvorstellungen. Keine der Versuchspersonen hielt über eine Woche lang durch, und alle brauchten viele Monate, um sich völlig zu erholen. Solche Experimente bestätigen, daß der Mensch ohne einen Reizwechsel einem rapiden psychischen Verfall ausgesetzt ist.

Daß der Reizwechsel einem fundamentalen menschlichen Bedürfnis entspricht, könnte man (unter anderem) von den Lebensbedingungen unserer Urahnen herleiten. Das Leben des Höhlenbewohners hing von seiner Fähigkeit ab, Änderungen wahrzunehmen und darauf zu reagieren. Ein Wechsel in der Witterung, die der Wind ihm zuwehte, verhieß Nahrung und kündigte Gefahren an, die von Raubtieren drohten. Wer zuverlässig auf Reizwechsel reagierte, hatte im Kampf ums Dasein enorme Vorteile. Der Mensch der Neuzeit hat diesen biologischen Radarschirm geerbt.

Einst ging es um Leben oder Tod, wenn sich das Nahen des Mammuts ankündigte; heute verursacht es Ärger oder Ablenkung, wenn man Schritte im Gang hört, wenn fremde Telefone schrillen und Verkehrslärm ins Büro dringt.

Sie sind ununterbrochen Reizen ausgesetzt, die Sie theoretisch ablenken können. Sind Sie jedoch intensiv beschäftigt, mögen Sie diese Reize gar nicht wahrnehmen oder bewußt ignorieren. Konstruktive Reize, die Ihre Aktivität fördern, brauchen manchmal eine Einladung.

Oft wird Ihr Bedürfnis nach Reizwechseln durch die Entwicklung Ihrer gegenwärtigen Aufgabe befriedigt, wenn ein Schritt zum nächsten führt. Ihr Projekt ist oft ein ganzer Aufgabenkomplex, der aus vielen Einzelaufgaben besteht. Ihre Aufgabenliste gibt Ihnen die Möglichkeit der Wahl, wodurch Reizwechsel entstehen. Gelegentlich lohnt es sich sogar, sich für den Bedarfsfall zusätzliche A-1-Schritte zu notieren — nur um Ihr Angebot von potentiellen Aktivitäten zu vergrößern.

Doch wenn Ihre gegenwärtige Aufgabe keinerlei Abwechslung bietet, weicht Ihre Konzentration allmählich der Langeweile; Sie lassen sich mit Freuden ablenken oder verschaffen sich selbst Ablenkung. Läßt sich auch hier eine Alternative zur Verzögerung der Arbeit denken?

Unterdrücken Sie den Wunsch nach einem Wechsel, so halten Sie dadurch schwerlich Ihr Interesse an dem A-1 wach (von dem Sie jetzt einfach genug haben); das biologisch bedingte Bedürfnis nach einer Reizänderung ändern Sie dadurch keineswegs. Wenn Sie Ihre Aktionen unter Kontrolle bringen wollen, sollten Sie versuchen, einen Reizwechsel herbeizuführen, der Ihre Aktivitäten fördert.

Passive und aktive Pausen

Zunächst können Sie einfach eine Pause machen. Machen Sie eine »passive« Pause, ruhen Sie aus und entspannen Sie sich; stehen Sie auf, strecken Sie sich, gehen Sie zum Wasserkühler, unterhalten Sie sich. Arbeiten Sie dann eine oder zwei Stunden an Ihrem A-1 weiter.

Sie können auch eine »aktive« Pause machen; widmen Sie sich kurze Zeit einer anderen Aufgabe. Irgendeiner anderen Aufgabe — vorzuziehen ist jedoch stets ein weiteres A, wenn Sie dabei eine andere Gangart einschlagen können. Haben Sie Umschläge adressiert, melden Sie sich bei Ihrem Friseur an, bereiten Sie das große Essen vor, spülen Sie Geschirr, besprechen Sie sich mit Ihrer Nachbarin. Kehren Sie dann nach kurzer Zeit zu Ihrem A-1 zurück — und bleiben Sie dabei.

Oft brauchen Sie wirklich nur eine Pause. Doch was tun Sie, wenn ein Termin drängt und jede Minute zählt? Oder wenn Sie zehn Minuten nach der Kaffeepause schon wieder nervös werden? Sie könnten Ihr A-1 eine Weile vernachlässigen. Aber wäre das klug? Würden Sie dann später nicht auf Schwierigkeiten stoßen, sich wieder in Ihr A-1 einzufinden?

Sie wollen wirklich bei der Sache bleiben — aber wie? Meine Antwort: Befriedigen Sie Ihr Bedürfnis nach einem Reizwechsel *innerhalb* des Bereichs Ihres A-1.

Aufgaben, die Sie öde und eintönig finden, können — mit einiger Phantasie — interessanter gestaltet werden. Selbst wenn Sie Weihnachtskarten adressieren, Namenszeichen in Kleider nähen oder Aktendeckel beschriften — wenn Sie Wege suchen, werden Sie Wege finden, solche Aufgaben zu variieren und somit Reizwechsel zu schaffen, die eine Flucht in andere Aktivitäten überflüssig machen.

Der wahre Wert dieser Reizwechseltechnik erweist sich, wenn Sie Schwierigkeiten haben, Ihr Engagement an einem facettenreichen Projekt aufrechtzuerhalten — wenn Sie etwa einen Zeitschriftenartikel schreiben, ein Studienpapier für den Politischen Frauenklub ausarbeiten, Maßnahmen erwägen, wie dem Produkt eines Konkurrenten zu begegnen ist, oder neue Verwendungsmöglichkeiten für Fasergipsplatten erproben. Wenn Sie im Sumpf zu versacken drohen, müssen Sie sich an einem neuen Aspekt des Projekts festhaken. Sie brauchen einen neuen Köder für ein neues Engagement.

Wie aus meinen Bemerkungen über Sofortaufgaben hervorgeht, gibt es viele Wege, um ein Projekt voranzutreiben. Sie können planen, mit anderen reden, ein stimulierendes Selbstgespräch führen, Informationen sammeln, Notizen machen. Gewiß, manche Aufgaben bieten von vornherein mehr Abwechslung als andere. In *jedem* Projekt stecken aber zumindest einige wenige Möglichkeiten der variablen Durchführung.

Versuchen Sie es mit einem Lokalwechsel. Eine neue Umgebung kann manchmal Wunder wirken und Ihren ermatteten Geist beflügeln. Haben Sie an Ihrem Schreibtisch gearbeitet, gehen Sie in den Konferenzraum. Haben Sie im Wohnzimmer gelesen, versuchen Sie es im Schlafzimmer. Oder bleiben Sie, wo Sie sind, aber ändern Sie Ihre Position: Erheben Sie sich aus dem Sessel und machen Sie einen Kopfstand.

Am besten wechseln Sie unter den Arten der Arbeit, die Ihre Aufgabe erfordert. Jede intellektuelle Aktivität enthält Elemente, die sich variabel gruppieren lassen. Sie brauchen Informationen und Ideen; sie müssen gesammelt, verarbeitet und in Aktionen übergeführt werden. Sie können sich abwechselnd Ihren Informationen und Ihren Ideen widmen, oder Sie können nacheinander sammeln, verarbeiten und aktiv werden.

Zuwenig Information – oder zuviel?

Beginnen wir mit der Sammlung von Informationen. Daß daraus ein dauerhaftes Engagement entstehen kann, habe ich schon erörtert; das Interesse an einem Gegenstand korrespondiert im allgemeinen mit dem Stand der Information. Müssen Sie also das Engagement aufrechterhalten, das Sie mit einem Projekt verbindet, dann konzentrieren Sie sich auf einen Teilbereich, über den Sie nicht oder nur spärlich informiert sind, und mehren Sie Ihr Wissen.

Doch nehmen wir einmal an, Ihr Problem kommt aus der entgegengesetzten Richtung. Viele Leute geraten mitten in einem Projekt ins Wanken, weil sie sich von einer Informationsflut überschwemmt sehen. Manche haben auch zu viele Ideen (wie gut sie auch immer sein mögen). Welcher Informationsstand optimal zu nennen ist, wie intensiv die geistige Auseinandersetzung geführt werden muß, hängt von der jeweiligen Aufgabe und dem Menschen ab, der sie zu bewältigen hat. Eine Überfülle von Gedanken und Informationen führt – wie Informationsmangel und Gedankenarmut – zu Desinteresse und zur Abkehr von der Aufgabe.

Wenn Sie es also müde sind, Informationen und Ideen zu sammeln, dann bearbeiten Sie das, was Ihnen bereits vorliegt. Überdenken Sie jeden Punkt; ordnen Sie ihn ein, schälen Sie seinen Kern heraus und entfernen Sie die Hülle, bestimmen Sie seine Funktion. Haben Sie eigene und andere Gedanken – aus Gesprächen oder Büchern – in Ihrem geistigen Speicher gesammelt, empfehlen sich auch schriftliche Aufzeichnungen. Selbst wenn diese Notizen keinen endgültigen Charakter tragen, haben Sie damit doch einen neuen Schritt vollzogen, auf den Sie reagieren können — oder andere, deren Reaktion wiederum Ihnen weiterhelfen mag.

Die Geschichte eines Kissens

Schon lange wollte Mrs. Gill ein Kissen fertigen, das ihren Lieblingssessel zieren sollte. Sie schob es dauernd auf, denn schon die Vorbereitungen schienen enorme Anforderungen zu stellen. In der Erkenntnis, daß sie irgendwo beginnen mußte, wenn sie das Kissen irgendwann beenden wollte, erwog sie schließlich den Erwerb des erforderlichen Materials. Einige Wochen verbrachte sie mit der Suche nach *dem* Muster und *dem* Garn. Eine Verkäuferin versicherte, nur in einem Kursus ließen sich die Kenntnisse erwerben, die zur Fertigung von Kissen unerläßlich seien. Also absolvierte Mrs. Gill einen zeitraubenden Kissen-Kurs. Danach dämmerte ihr, daß *ihr* Garn nur über den Versandweg zu beziehen war. Sie forderte Proben an, erhielt Proben, erbat weitere Proben, erhielt weitere Proben und traf schließlich ihre Wahl.

Als sie all ihr Material beisammen hatte, fiel es ihr wie Schuppen von den Augen: Es fehlte ihr der ideale Arbeitsplatz, an dem sich aus besagtem Material ein Kissen verfertigen ließ. So faßte sie den naheliegenden Entschluß, ein unbenutztes Zimmer herzurichten, Veränderungen in bezug auf die Beleuchtungskörper vorzunehmen, Berge von Gerümpel beiseite zu schaffen und weitere Aktionen durchzuführen, die ihr Vorhaben beförderten. Die Zeit verstrich. Der Arbeitsplatz entsprach jetzt ihren Anforderungen. Nun bat sie ihren Gatten, einen Kasten herzustellen, der zur Aufbewahrung ihres Materials dienen konnte; das Angebot des Einzelhandels schien ihr in dieser Hinsicht doch begrenzt. Die Zeit verging. Doch zu guter Letzt hatte sie jedes bedenkenswerte Detail bedacht, jedes kalkulierbare Risiko kalkuliert (und eliminiert) und in jeder Hinsicht denkbar beste Bedingungen geschaffen. Jetzt schien sie vor jeder Überraschung sicher, jetzt konnte sie unverzüglich ans Werk schreiten. Doch jetzt hatte sie das Ganze satt. Sie verordnete sich eine kleine Ruhepause — danach wollte sie sich an die Arbeit machen.

Und die Moral von der Geschicht': Endlose und allzu aufwendige Vorbereitungen halten von der eigentlichen Arbeit eher ab. Daß *jede* reizändernde Aufgabe im A-1-Zusammenhang zu akzeptieren sei, gilt nicht uneingeschränkt: Sie muß auch in relativ kurzer Zeit relativ einfach zu bewältigen sein. Das Ziel sollte nie aus den Augen verloren werden. Wäre es Mrs. Gills A-1 gewesen, hemmungslos ihren »Vorbereitungen« zu frönen und vor jeder »Eingebung« bedingungslos zu kapitulieren, dann könnte sie mit ihrem Erfolg restlos zufrieden sein. Doch ihr Ziel war ein fertiges Kissen; und dieses Ziel verfehlte sie gründlich.

Jedes größere Projekt — ein Anbau an Ihr Haus, eine organisatorische Neuordnung in Ihrem Büro — erfordert eine anhaltende Anstrengung, ein stetiges Engagement in sämtlichen Stadien seiner Durchführung. Dazu brauchen Sie stabile und voluminöse Zeitblöcke.

Erstellen Sie erst einen Zeitplan: Reservieren Sie zunächst die Stunden, die das Projekt voraussichtlich verschlingen wird. Ist die A-1-Zeit angebrochen, lassen Sie sich von meinen Vorschlägen anregen, wenn Ihr Engagement von Dauer sein soll.

17

Zögern Sie zur rechten Zeit!

Manchmal überwinden Sie Ihr Zögern auch nicht durch Sofortaufgaben und Reizwechsel: Allzusehr geht Ihnen das A-1 gegen den Strich. Sie müssen mit dem Lehrer Ihres Kindes eine schlechte Zensur besprechen, Sie müssen zur alljährlichen ärztlichen Untersuchung, Sie müssen bei der Bank ein Darlehen beantragen, Sie müssen ein neues Testament aufsetzen, Sie müssen ein Bewerbungsgespräch führen — das alles sind Beispiele für wichtige, aber unerfreuliche Aufgaben, die viele Leute auf die lange Bank schieben. Wahrscheinlich plant man sie ein und unterstreicht ihre Bedeutung, indem man ihnen A-Priorität einräumt. Doch wenn ihre Zeit gekommen ist, nimmt ihre Widerwärtigkeit ungeheure Dimensionen an, und man wendet sich an ihrer Stelle hastig einer anderen Aktivität zu.

Die Entscheidung, ein unerfreuliches A-1 mit einer erfreulicheren Aufgabe zu vertauschen, fällt meist nach sehr viel kürzerer Zeit, als für ein gründliches Bedenken nötig wäre. Es ist bezeichnend, daß ein solcher Entschluß oft schon nach Sekunden feststeht.

Nehmen wir an, Sie holen einen Brief hervor, den Sie jetzt beantworten sollten. Diese Antwort ist Ihr augenblickliches A-1; doch in dieser Antwort müssen Sie ein peinliches Versehen zugeben, und deshalb schrecken Sie davor zurück. Zum drittenmal in dieser Woche legen Sie den Brief beiseite und nehmen statt dessen eine Zeitschrift zur Hand. Bald nimmt Sie ein interessanter Artikel gefangen, und Sie haben den unerfreulichen Brief völlig vergessen. Nach kaum fünfzehn Sekunden stand für Sie fest, daß Sie sich wieder nicht Ihrem A-1 zuwenden würden.

Beschäftigen wir uns einmal näher mit dieser Entscheidung. Ihr A-1 stand bereits eindeutig fest. Als nächstes hätten Sie sich um Ihr A-1 kümmern müssen — doch Sie zögerten. Im wesentlichen standen für Sie nun zwei Möglichkeiten zur Wahl. Sie konnten:

1. sich an das A-1 machen und dadurch optimalen Nutzen aus Ihrer Zeit ziehen;

2. etwas anderes tun und damit Ihre Zeit verschwenden.

Zugegeben: *Einigen* Nutzen mögen Sie aus der Aktivität gezogen haben, der Sie sich anstelle des A-1 zuwandten; doch da das A-1 den optimalen Nutzen gesichert hätte, bedeutete die andere Aktivität, zumindest relativ gesehen, eine Zeitverschwendung.

Was ist zu tun, wenn Sie nicht daran zweifeln, das unerfreuliche A-1 erledigen zu müssen, die Aufgabe Ihnen aber so widerstrebt, daß Sie am liebsten davonlaufen möchten?

Als erstes müssen Sie ganz klar erkennen, wann Sie an einem solchen kritischen Punkt angelangt sind. Die Stunde der Entscheidung hat für Sie begonnen, wenn Sie sich vor die Wahl gestellt sehen, ob Sie sich Ihrem A-1 zuwenden oder ihm aus dem Weg gehen. Man könnte sagen, Sie stehen auf dem Gipfel eines Berges: Zwei Pfade führen ins Tal — einer nach Norden, einer nach Süden. Nach ein paar Schritten sind Sie auf dem Weg ins Tal — in einer Richtung. Doch im Augenblick stehen Sie noch ganz oben und können sich ungebunden fühlen.

Wenn Sie erkannt haben, daß die Stunde der Entscheidung gekommen ist, müssen Sie versuchen, den Entscheidungsprozeß unter Kontrolle zu bringen. Dazu ist es erforderlich, daß Sie die endgültige Entscheidung *hinauszögern.* Ein rascher Entschluß, das unerfreuliche A-1 aus den Augen, aus dem Sinn zu verbannen, läßt Ihnen kaum die Chance,

Ihre Verzögerungsbestrebungen zu zügeln. Nehmen Sie sich genügend Zeit, um Ihre Situation sorgfältig zu durchdenken. Nehmen Sie jede Möglichkeit wahr, bei der A-1-Stange zu bleiben und Ersatz-Aktivitäten abzuwehren. Verschleppen Sie den Entscheidungsprozeß — denn Sie brauchen Zeit, um einen wohlüberlegten Entschluß zu fällen.

Kehren wir zu Ihrem unbeantworteten Brief zurück. Sie ertappen sich dabei, daß Sie den Brief beiseite schieben wollen; schon strecken Sie die Hand aus. Verlangsamen Sie Ihre Handbewegung. Wenn Sie eine Minute statt einer Sekunde brauchen, um den Brief wegzulegen, werden Sie sich automatisch über diesen Brief Gedanken machen. Sie haben Zeit genug, um über Ihre A-1-Unlust nachzudenken; gleichzeitig können Sie einen besseren Ausweg aus Ihrem Dilemma suchen, der nicht in der A-1-Flucht bestehen muß.

Haben Sie schon einmal etwas getan, was Sie nicht gerne taten? Aber sicher — wie jeder andere auch. Als Kind mußten Sie immer um halb acht ins Bett, auch wenn Sommerferien waren und die älteren Kinder noch im Freien spielten. Sie bezahlen Einkommensteuer, obwohl Sie für das Geld lieber eine Stereoanlage kaufen würden. Sie lassen sich in einem Fach prüfen, das Sie verabscheuen. Die Liste könnte endlos fortgesetzt werden.

Wenn Sie etwas tun, was Sie nicht gerne tun, bleibt Ihnen immer noch die Wahl, wie Sie es tun: zähneknirschend oder zumindest gefaßt (wenn Sie nach ruhiger Überlegung beschlossen haben, es jetzt einfach zu tun) — oder gar heiter. Denn warum sollten Sie sich grämen? Sind Sie einmal fest entschlossen, eine Aufgabe zu lösen, dann sollten Sie das Beste daraus machen.

Wenn Sie Ihrem A-1 aus dem Wege gehen wollen, dann stellen Sie mit allem Nachdruck fest, daß die Stunde der Entscheidung angebrochen ist. Denken Sie an die Bedeutung dieser »Stunde«. Versuchen Sie dann, auf folgenden Wegen Ihre Abneigung gegen das A-1 zu überwinden:

1. Gehen Sie direkt an das Unerfreuliche heran.

2. Machen Sie sich bewußt, daß Verzögerungen zu noch unerfreulicheren Konsequenzen führen.

3. Entwickeln Sie Einsatzbereitschaft, mit der Sie auch Unerfreuliches in Kauf nehmen.

Auf diese Weise sind Sie für die Auseinandersetzung mit unerfreulichen Aufgaben gewappnet. Wählen Sie stets denjenigen der drei genannten Wege, von dem Sie in der Stunde der Entscheidung den meisten Auftrieb erwarten. Der Ihnen hilft, sich für Ihr A-1 zu entscheiden — jetzt.

18

Keine Angst vor Hindernissen!

Wie oft haben Sie sich schon vor einer wichtigen Aufgabe gedrückt, weil Sie Angst hatten? Angst, einen Fehler zu machen? Wütend zu werden? Schuldgefühle zu entwickeln? Sich selbst oder anderen Unannehmlichkeiten zu bereiten? Zurückgewiesen zu werden? Zuviel Verantwortung auf sich zu laden? Angst vor dem Unbekannten? Wahrscheinlich viel zu oft.

Ich bin kein Psychiater; ich möchte keine Ferndiagnose über Ihre emotionale Sperre stellen. Die Methoden, die ich in diesem Kapitel diskutiere, sind als eine Art Umleitung zu sehen; sie sollen keine psychischen Probleme lösen, sondern Ihre Aufgaben bewältigen helfen. Rein emotionale Schwierigkeiten müssen Sie selbst oder mit fremder Hilfe bewältigen.

Ich werde mich vor allem mit der Angst befassen; meine Unterredungen mit Psychiatern und Psychologen haben mich davon überzeugt, daß Angst an der Wurzel aller Verzögerungen nistet. Wenn Sie Ihre Angst besiegen, können Sie Ihr unerfreuliches A-1 bewältigen.

Ich habe viele Menschen erlebt, die einer ihrer Meinung nach bedeutungsvollen Aufgabe aus dem Weg gingen, da sie unterbewußt Furcht vor den Folgen hatten, die sich nach der Beendigung der Aufgabe ergeben würden.

Der weiter oben genannte Verkaufsleiter zögerte bei der Durchführung seines A-1, neue Abschlüsse anzustreben — denn war er erfolgreich, vergrößerte sich sein Arbeitspensum. Seine Angst vor dem Erfolg mußte abgebaut werden, indem man seine Arbeitslast anders verteilte. Danach mied er sein A-1 nicht mehr und konzentrierte sich auf lukrative Abschlüsse.

Ein höherer Angestellter wurde beauftragt, Anleitungen für bestimmte Arbeitsgänge zu verfassen, für die er bisher persönlich verantwortlich war. Sein Chef ließ keinen Zweifel daran, daß diese Anleitungen seine wichtigste Aufgabe darstellten. Immer wieder setzte der Angestellte diese Aufgabe an die Spitze seiner Aufgabenliste; doch er nahm sie nie in Angriff. Endlich erkannte er, daß er aus Angst zögerte; er befürchtete, vielleicht seine Stellung zu verlieren, wenn er die Anleitungen verfaßt hatte. Er würde nicht mehr unersetzlich sein. Sein wahres A-1 bestand in einem Gespräch mit seinem Chef, um seine Position zu klären.

Kapitulieren Sie nicht ohne weiteres vor Ihren Emotionen. Wenn Sie meinen, Angst vor dem A-1 zu haben, fragen Sie sich in der Stunde der Entscheidung: »Wovor habe ich Angst?« Notieren Sie sich alle Möglichkeiten und filtern Sie die Angst heraus, die am ehesten Ihre A-1-Abneigung bedingen könnte. Dann sehen Sie der Angst direkt ins Auge. Suchen Sie die offene Konfrontation. Wie? Betrachten wir den Fall des Mr. Blue.

Mr. Blue war stellvertretender Verkaufsleiter eines Industrieunternehmens. Seine wichtigste Aufgabe war es, Kontakte zu möglichst vielen Einkäufern zu suchen – und zu finden. Am liebsten und am längsten besuchte er jedoch Einkäufer, die seine alten Freunde waren, obwohl viele von ihnen ihm nur gute Worte und keinen Profit bieten konnten. Neuen Einkäufern ging er nach Möglichkeit aus dem Weg, da sie ihn gelegentlich abwiesen oder unsanft behandelten.

Nun hatte Mr. Blue einen Jahresverkaufsplan ausgearbeitet; zu Recht wurden darin Kontakte zu neuen Einkäufern hervorgehoben. Doch vom allerersten Tag an lief Mr. Blue vor neuen Einkäufern buchstäblich davon. Seine Angst vor

Mißerfolgen hinderte ihn eindeutig daran, seine guten Vorsätze zu befolgen.

Doch Mr. Blue war entschlossen, einen Ausweg aus diesem Dilemma zu finden. Er wollte sich auf ein wichtiges Ziel konzentrieren — er wollte dem Einkäufer der Ajax-Gesellschaft gegenübertreten. Schon lange träumte er von einem Ajax-Abschluß; ein Schritt in dieser Richtung schien in der Tat verlockend. Doch er fürchtete auch, der Einkäufer könnte ihn eiskalt abservieren, und dann würde er sich elender fühlen als zuvor.

Läßt sich die Angst auslöschen?

Während Mr. Blue an den Ajax-Anruf dachte und seine Angst ihn davon abhielt, sagte er sich, daß diese Angst völlig unbegründet war; daß er nichts zu befürchten hatte; daß es anderes zu tun gab, als in Angstschweiß auszubrechen. In der Tat herrschte er seine Angst an: »Weg mit dir, du störst mich!« Das hatte ihm schon oft über die Angst-Hürde hinweggeholfen, die er überwinden mußte, wenn er Kontakt zu einem neuen Einkäufer aufnehmen wollte. Doch diesmal ließ sich die Angst nicht verjagen: Mit Ajax verband er so starke Emotionen, daß sein Angst-Gespräch keine Wirkung zeitigte.

Mr. Blues Angst hatte die Dimensionen eines Waldbrands angenommen, der sich nicht einfach austreten ließ. Hätte sie eher einem Lagerfeuer entsprochen, wäre sie vermutlich leicht zu löschen gewesen. Doch eine übermächtige Angst, eine entfesselte Emotion kann man nicht einfach auslöschen. In seiner jetzigen Situation fürchtete sich Mr. Blue nur noch mehr, wenn er sich sagte: »Ich habe nichts zu befürchten.« Er hatte nicht nur Angst — er fürchtete, daß er sich fürchtete, wenn er sich nicht fürchten sollte! Er mußte einen anderen Weg finden, um seine Ajax-Angst zu überwinden.

Die Angst läßt sich eindämmen

Ein kleines Feuer läßt sich oft mit einem Eimer Wasser löschen. Ein riesengroßes Feuer muß man zuerst eindämmen, bevor man es mit Aussicht auf Erfolg zu löschen versucht.

Mr. Blue konnte seine Angst nicht auslöschen; doch er fühlte sich fähig, sie einzudämmen — wenigstens für einen Augenblick. Wenn er anrief, würde sich wohl nicht der gefürchtete Einkäufer, sondern seine Sekretärin melden. Jedenfalls hoffte Mr. Blue, ein schlichtes »Nein« am Telefon zu überleben. Würde ihm ein Termin gewährt, kämen Sorgen genug auf ihn zu, und er könnte dann ausgiebig seinen Ängsten frönen — aber erst nach seinem Anruf.

Da erinnerte sich Mr. Blue an Major Major, eine Figur aus dem Roman *»Catch-22«*. Major Major hatte angeordnet, daß er nicht gestört zu werden wünschte, wenn er da war; war er nicht da, sollten Besucher vorgelassen werden. Mr. Blue träumte einen Augenblick davon, wie schön es doch sein müßte, wenn jeder unbekannte Einkäufer für ihn telefonisch unerreichbar wäre. Dann riß er sich zusammen und wählte die Ajax-Nummer. Hoffentlich war der Einkäufer nicht da.

Er war da und konnte Mr. Blue empfangen. Am nächsten Montag, 14.30 Uhr — in vier Tagen.

Mr. Blue hatte seinen Termin. Er geriet in Hochstimmung, arbeitete beschwingt den ganzen Nachmittag und konnte weitere Kontakte herstellen.

Doch am nächsten Morgen begann sein Eifer zu erlahmen. Er sah sich kaum in der Lage, für die Ajax-Unterredung Daten zu sammeln und alles nötige Material zusammenzustellen. Ständig wandte er sich anderen, weit weniger wichtigen Dingen zu und dachte ansonsten mit Schrecken an die mörderischen Fragen, die ihm der Einkäufer ganz gewiß stellen würde. Seine Angst vor dem Versagen wuchs und wuchs; er sah sich bereits zitternd vor dem Einkäufer stehen und sinnlose Phrasen ausschwitzen. Er machte den verzweifelten Versuch, die aufziehenden Schreckensbilder zu verbannen, und entfloh zu der Kaffeemaschine.

Der Angst läßt sich durch »Judogriffe« beikommen

In seiner jetzigen Situation konnte Mr. Blue seine Angst weder auslöschen noch eindämmen. Er *mußte* sich seiner Aufgabe stellen. Aber wie? Da entsann er sich einer weiteren Strategie, zu der er Zuflucht nehmen konnte — er wollte versuchen, seiner Angst durch »Judo« beizukommen.

Beim Judo kommt es darauf an — das wußte Mr. Blue —, die Kraft und das Gewicht des Gegners zum eigenen Vorteil zu nutzen und dadurch eine mögliche Niederlage in einen Sieg zu verwandeln. Mr. Blues Angst hatte erdrückendes Gewicht. Wollte Mr. Blue sich nicht gänzlich erdrücken lassen, mußte er sie von sich schleudern, indem *er* sich *ihr* Gewicht zunutze machte.

Er setzte sich an seinen Schreibtisch und begann einen inneren Judokämpfer-Dialog mit seiner Angst. Sein Disput hatte etwa folgenden Wortlaut:

ANGST: »Ich werde mich tödlich blamieren. Was ich über Ajax weiß, ist kaum der Rede wert. Vor allem weiß ich nicht, was Ajax mit meinen Produkten soll . . .«

JUDO: »Wenn das stimmt, informiere ich mich besser sofort über Ajax. Dann weiß ich auch, wie Ajax meine Produkte optimal einsetzen kann.«

ANGST: »Ich weiß genau, welche verdammten Fragen kommen werden . . .«

JUDO: »Weiß ich das? Dann kann ich mich ja darauf vorbereiten. Anstatt zu lamentieren, daß ich keine Ahnung habe, sollte ich jetzt versuchen, mögliche Antworten auf mögliche Fragen zu finden.«

Mit dem festen Vorsatz, seine Energien nicht mehr in Form von Angstschweiß zu verströmen, stürzte Mr. Blue den Rest seines Kaffees hinunter und warf sich danach auf Ajax-Nachforschungen. Jedesmal wenn die Angst erneut hochstieg, zwang er sie im Judostil nieder. Als ihm ein fürchterlicher Fehler einfiel, den er eventuell begehen konnte, schärfte er sich ein, ihn auf gar keinen Fall zu begehen. Seine Angst stimulierte ihn jetzt geradezu; er wußte, daß ihm nur gewissenhafte Arbeit eine Chance ließ. An diesem Freitag ließ er sich nicht mehr von einer Aufgabe abhalten; er war nur noch darauf bedacht, sich intensiv vorzubereiten.

Als er sich am Montag nachmittag auf den Weg zu Ajax machte, wurde seine Angst wieder übermächtig. Als er das Gebäude betrat, zitterte er am ganzen Körper. Würde ihm die nackte Angst letztlich doch einen Strich durch seine Rechnung machen, die am Freitag noch aufzugehen schien?

Die Angst läßt sich wie ein Luftballon aufpusten

Jetzt half Mr. Blue keine der genannten Angst-Bekämpfungs-Strategien mehr; er konnte die Angst weder auslöschen noch eindämmen oder unterkriegen. Er konnte nur noch Angstschweiß absondern. Aber ja, das war es! Die Angst hätte gar keinen besseren Zeitpunkt wählen können — jetzt war ihre Stunde gekommen. Wenn Mr. Blue Angst haben wollte — jetzt hatte er die beste Gelegenheit dazu. Er sah seine einzige Chance darin, sich seiner Angst völlig hinzugeben — und zu hoffen, daß sie sich selbst verzehren würde, bevor es zu spät war.

Im Aufzug stellte er sich die Frage: »Was ist das Schlimmste, was mir nach diesem Gespräch passieren könnte?« Der Einkäufer könnte seinen Chef anrufen und ihm Mr. Blues Unfähigkeit bescheinigen. Er könnte in Einkäuferkreisen erzählen, Mr. Blue sei ein hilfloser Trottel, vor dem er all seine Kollegen warnen müsse.

Mr. Blue geriet in Fahrt; er pustete seine Angst wie einen Luftballon auf. Er entwickelte eine Phantasie, die dem Tagträumer Walter Mitty zur Ehre gereicht hätte (dem Helden einer bekannten Kurzgeschichte von James Thurber; Anm. d. Ü.): Der Einkäufer könnte einen Boykott seiner Produkte organisieren. Er könnte eine großangelegte Verleumdungskampagne gegen ihn starten, und jedermann würde ihm fürderhin die Tür weisen. Mr. Blue sah sich bereits endgültig von der Welt verstoßen; er würde sich in ein finsteres Gelaß zurückziehen und elendiglich zugrunde gehen, einsam und verlassen.

Mr. Blue entstieg dem Aufzug, schritt den Korridor hinunter und erreichte endlich die Tür des Einkäufers — da erkannte er, daß sich seine Angst ad absurdum geführt hatte. Der Angst-Ballon platzte mit unhörbarem Knall. Derart fatale Konsequenzen, wie sie sein Aufzugs-Alptraum heraufbeschworen hatte, konnten gar nicht eintreten. Er hatte dem Tod ins Auge gesehen; jetzt war er sicher, daß er überleben würde. Mr. Blue überwand ein letztes Zittern und klopfte an die Tür.

Seine Befürchtungen verflogen rasch. Der Einkäufer erwartete ihn bereits, zeigte sich über sein Kommen erfreut und fragte, warum er ihn nicht früher schon einmal besucht hätte. Aufmerksam lauschte er den wohlvorbereiteten Worten Mr. Blues und bekundete reges Interesse, das er sofort durch eine kleinere Bestellung unterstrich. Als Mr. Blue sein Büro verlassen hatte, seufzte er zutiefst erleichtert auf.

Mr. Blue erzielte weitere Erfolge, die sein Selbstvertrauen stärkten; doch auch gelegentliche Fehlschläge — die ja nicht ausbleiben können — lernte er überwinden. Mit der Zeit freute er sich geradezu auf seine ersten Besuche bei neuen Einkäufern; er sah sie jetzt als Testfälle, als Proben für seine Überzeugungskraft und sein gestärktes Selbstbewußtsein. Allmählich gelang es ihm, die Abhängigkeit seines Selbstwertgefühls von seiner beruflichen Rolle zu lösen. Die Einkäufer, die dankend ablehnten, lehnten nicht ihn ab, sondern sein Produkt. Diese Neuorientierung Mr. Blues vollzog sich nicht über Nacht; zwei lange Jahre brauchte er, um seine Angst vor Fehlschlägen zu einem gelegentlichen kleinen Stich zu reduzieren.

Ich sollte noch erwähnen, daß Mr. Blue ein exemplarisches Verhalten an den Tag legte, wie das in Bücherbeispielen gemeinhin üblich ist: Sein Fall hat uns mit einer Reihe von Problemen konfrontiert, die aus dem Umgang mit der Angst erwachsen; auch konnte Mr. Blue von all meinen Methoden profitieren.

Eine Angst, die mit den Jahren wuchs, läßt sich nicht ohne weiteres auslöschen. Rechnen Sie mit der Möglichkeit, daß Sie nicht auf Anhieb zum Erfolg kommen. Doch wenn Sie das nächstemal vor einer A-1-Aufgabe zurückschrecken und eine bestimmte Angst als Ursache vermuten, dann gehen Sie dieser Angst zu Leibe: Versuchen Sie so lange, sie auszulöschen, einzudämmen, mit Judogriffen zu bekämpfen und wie einen Ballon aufzupusten, bis die Angst es mit der Angst zu tun bekommt und sich für alle Zeiten aus dem Staube macht.

19

Eine Verzögerung kann teuer zu stehen kommen

Wenn Sie in der Stunde der Entscheidung ein unerfreuliches A-1 neuerdings hinauszögern wollen, dann überdenken Sie doch einen Augenblick die Folgen der Verzögerung; das kann Sie oft wieder ins rechte Gleis bringen. Lassen Sie mich von einer Frau erzählen, die es haßte, sich schriftlich zu bedanken.

Anne Davis bekommt ein Geburtstagsgeschenk durch die Post. Natürlich, sie muß sich sofort bei Tante Mary bedanken. Ein paar Zeilen genügen, etwa: »Den Pullover habe ich erhalten. Er ist wunderschön und paßt genau. Vielen herzlichen Dank.« Doch Mrs. Davis, etwas anspruchsvollerer Natur, mag sich einfach nicht mit schnödem Standard-Dank begnügen — es drängt sie nach stilisierter Originalität. Immerhin, Tante Mary soll nicht glauben, in den vier Jahren College hätte sie nur ihre Zeit verschwendet! Im Augenblick vermag sie die passenden Worte jedoch nicht zu finden (und natürlich hat sie hundert andere Dinge zu erledigen), und so bleibt Tante Mary vorerst ohne Dank.

Zwei Wochen vergehen, ehe sich Anne Davis bewußt wird, daß sie Tante Mary immer noch nicht geschrieben hat. Nun, so schwant ihr, mag die Tante leichte Ungeduld erfassen. Doch Mrs. Davis wird alles wiedergutmachen: Sie wird einen reizenden Zwei-Seiten-Brief verfassen, der ausführlich schildert, wie oft sie den Pullover trägt, wie bequem er ist und wie man sie darin bewundert. Leider hat sie jetzt gerade keine Zeit, einen so langen Brief zu schreiben ... Doch sie wird gewiß bald dazu kommen – sehr bald ...

Wieder vergehen zwei Wochen, und nun wird Mrs. Davis sehr böse auf sich. Sie schämt sich so, und sie beginnt zu zittern, wenn sie daran denkt, was Tante Mary jetzt wohl von ihr denken mag. Gewiß wird sie die ganze Verwandtschaft darüber aufklären, wie faul und undankbar doch ihre Nichte ist! Mrs. Davis braucht ein paar erstklassige Ausreden. »Jedesmal wenn ich zum Schreiben ansetzte, klingelte das Telefon«, oder »Dies war der arbeitsreichste Monat meines Lebens « — so etwas könnte sie vielleicht retten. Sie nährt die Hoffnung, Tante Mary würde Milde walten lassen, wenn sie ihr hektisches Dasein in bewegten Anekdoten schilderte.

Das Problem eskaliert

Die Abfassung des Dankschreibens ist nunmehr *sehr* wichtig und *sehr* unangenehm geworden. Kein Wunder, daß Mrs. Davis Dankbriefe haßt! Der Gedanke an den Brief bedrückt sie immer häufiger. Unter der Dusche oder mit dem Abfalleimer in der Hand formulierte sie in Gedanken phantasievolle Entschuldigungen; doch ihr Ziel, den Brief zu *schreiben,* rückt dadurch nicht näher.

Mrs. Davis fühlt sich schrecklich schuldig — so schuldig, daß sie bei dem bloßen Gedanken an den Brief schon Höllenqualen erleidet. Um sich diese Pein zu ersparen, blockt sie nunmehr jeden Gedanken daran ab.

Eines Tages jedoch packt sie erneut das Grauen, und nun wird sie sich klar darüber, daß die *Stunde der Entscheidung* gekommen ist. Soll sie: 1. einen zehnseitigen Brief verfassen, der Tante Mary über ihr Familienleben der letzten beiden Jahre detailliert in Kenntnis setzt und wie unbeabsichtigt in einen Dank für den Pullover mündet; 2. abwarten, ob Tante Mary sie auch nächstes Jahr beschenken wird (hoffentlich nicht!), und sich, wenn ja, pauschal bedanken; 3. so tun, als habe sie ihren Pullover nie erhalten; 4. nichts unternehmen, bis sie wieder in Tante Marys Bannkreis gerät, dann jedoch ihre Tante dadurch um so mehr verblüffen und erfreuen, daß sie nach all den Jahren noch so liebevolle Erinnerungen an den Pullover hegt und so lange Zeit ausgeharrt hat, bis sie ihr persönlichen Dank sagen konnte; 5. ein Ferngespräch mit Tante Mary führen, sie im Verlauf der ersten halben Stunde durch munteres (und recht kostspieliges) Geplauder milde stimmen und sie dann mit einer Danksalve eindecken; oder 6. jede Hoffnung fahren lassen, Tante Mary je wieder in die Augen sehen zu können (denn wie um alles in der Welt kann sie ihr bloß plausibel machen, warum sie in der ersten Woche nach der Ankunft des Pullovers nicht einmal fünf Minuten Zeit für einen kurzen Brief fand?).

Was kostet eine Verzögerung?

Ihr früheres Säumen kostet Mrs. Davis jetzt arge Pein. Sie würde weniger leiden, hätte sie sich die Zeit genommen, sich der Folgen ihrer früheren Verzögerungen in aller Deutlichkeit zu erinnern: Schon einmal fühlte sich ihre Tante gekränkt, und ihre eigene Mutter hat sie deswegen schriftlich gerügt. Sie weiß aus Erfahrung, daß jede Woche, in der man seine Dankbriefschuld vergrößert, den Umfang und die Leidigkeit der Aufgabe steigert. Man spart sich eine Menge innerer Konflikte, wenn man einen solchen Brief frühzeitig schreibt.

Wenn Sie in eine ähnliche Situation geraten und schon mit dem Gedanken spielen, Ihre Aufgabe aufzuschieben, dann denken Sie erst einmal in aller Ruhe nach. Nehmen Sie sich ein paar Minuten Zeit, um sich über die Folgen der Verzögerung klarzuwerden.

Sie haben mehr oder weniger einschlägige Erfahrungen, sie hatten zumindest den Vorsatz, diese Aufgabe zu lösen:

Alles spricht doch dafür, daß sie sich nicht in Luft auflösen wird. Irgendwann werden Sie sich mit ihr zu befassen haben. Die Frage ist nicht: »Werde ich das tun?«, sondern: »*Wann* werde ich das tun?« Sagen Sie sich: »Irgendwann muß ich sowieso in den sauren Apfel beißen. Soll ich mir da wirklich noch den ganzen Ärger aufladen, den dieses dauernde Aufschieben mit sich bringt?«

Wie hoch ist der Preis, den Sie bei Verzögerungen zu bezahlen haben? Er differiert natürlich je nach der spezifischen Situation, doch die folgenden Angaben treffen im allgemeinen zu.

Wenn eine Aufgabe sich von selbst erledigt, kann sich zunächst der erforderliche Aufwand mit der Zeit vermehren (wie es bei dem Dankbrief der Fall war). Der Gedanke daran mag Sie ständig heimsuchen, bis die Arbeit getan ist. Ich nenne Ihnen hier weitere Beispiele dafür, wie ein Aufschub Ärger und zusätzliche Arbeit schafft. Sie können:

das Ordnen Ihrer schriftlichen Unterlagen so lange hinausschieben, bis Sie sich jedesmal, wenn Sie ein Schriftstück brauchen, durch einen gewaltigen Stapel von Papieren wühlen müssen;

den Ölwechsel in Ihrem Wagen so lange aufschieben, bis Sie den Motor für 1000 DM reparieren lassen müssen — zwei Monate nach Ablauf der Garantie;

Krümel so lange in der Ecke des Vorratsraums liegen lassen, bis sie eines Tages an ihrer Stelle Tausende von Ameisen vorfinden;

die Neuorganisation einer leistungsschwachen Abteilung so lange hinauszögern, bis Ihre Kunden Sie mit Beschwerden überschwemmen und die Reaktion auf diese Klagen wesentlich mehr Zeit erfordert, als eine Neuorganisation je erfordert hätte — die ohnedies fällig ist.

Selbst wenn sich an der eigentlichen Aufgabe nichts ändern sollte — die Belastung, die sie bedeutet, kann sich sehr wohl ändern.

Nehmen wir an, Sie wollen Ihren Chef um Gehaltserhöhung bitten. Doch der Gedanke an das kommende Gespräch zerrt so an Ihren Nerven, daß Sie es auf morgen verschieben. Am nächsten Tag sind Sie jedoch auch nicht mutiger — im Gegenteil. Und jedesmal wenn Sie an Ihren Vorsatz denken, tauchen nicht nur düstere Visionen auf; Sie trommeln auch sämtliche Emotionen zusammen, die mit diesem Alptraum verbunden sind. Mit anderen Worten: Jedesmal wenn Ihnen Ihr Vorhaben wieder in den Sinn kommt und Sie es wieder aufschieben, erleiden Sie einen Teil derselben Pein, die Sie von einer Ausführung Ihres Vorsatzes befürchten.

Immer noch haben Sie keine Ahnung, ob Ihr Gehalt erhöht wird; Sie müssen weiter grübeln, weiter leiden. Ihre Angst wird nicht geringer, wenn Sie dauernd über die Misere nachdenken. Wenn Sie etwas verschieben, weil es an Ihren Nerven zerrt, und wenn eben durch diesen Aufschub Ihre Nerven strapaziert werden — was hat das für einen Sinn?

Wenn Sie das nächstemal in Versuchung geraten, ein unerfreuliches A-1 zu verschieben, dann verzögern Sie zunächst Ihren Beschluß, die Sache zu verzögern. Wozu sich all der Pein ausliefern, die mit dem Gedanken an die Aufgabe verbunden ist, und nichts von den Freuden kosten, die nach getaner Arbeit Ihrer harren? Bisher haben Sie jede scheußliche Situation in Ihrem Leben überlebt. Waren Ihre Sorgen manchmal nicht unbegründet? Und wenn Sie etwas unerfreulich Scheinendes erledigt haben: Machten Sie dabei nicht auch gelegentlich weniger peinvolle oder gar erfreuliche Erfahrungen? Und selbst wenn es echten Ärger gab: Zog er nicht oft schneller ab, als Sie erwartet hatten?

Bedenken Sie die Risiken!

Können Sie es sich wirklich leisten, ein umfangreiches und bedeutungsvolles Vorhaben bis zur letzten Sekunde vor sich her zu schieben? Und wenn Sie in dieser letzten Sekunde dann nicht in Form sind? Oder wenn dann unerwartete und unabwendbare Verpflichtungen Sie verhindern? Oder wenn eine weitere Krise entsteht, mit der Sie sich sofort auseinandersetzen müssen? Oder wenn sich herausstellt, daß das Projekt mehr Zeit erfordert, als Sie ursprünglich gedacht haben? Wenn Sie ein Projekt verzögern, dann gehen Sie immer das Risiko ein, daß Ihnen die Zeit knapp wird; dann müssen Sie oft eine unzulängliche Arbeit vorlegen oder können den Termin nicht einhalten.

Der Student, der die Risiken der Verzögerung kalkuliert, muß selbst wissen, wie er seine Semesterarbeit einstuft; er kann ihr A-, B- oder C-Priorität verleihen. Ein Student, der ein ungebundenes Leben genießen will, mag seine Semesterarbeit bis zur letzten Minute sehr wohl als C betrachten; doch er erhält die Quittung dafür, wenn der Professor seiner Arbeit eine C-Zensur erteilt.

Es gibt Leute, die sagen: »Ich schiebe die Dinge ganz bewußt bis zur letzten Minute auf, weil ich weiß, daß ich am besten unter Druck arbeite. Wenn ich warte, bis der Termin buchstäblich vor der Tür steht, leiste ich einfach mehr. Ich verschwende weniger Zeit, ich habe bessere Ideen. Ich verliere nichts durch den Aufschub — ich gewinne etwas!«

Sind Sie dieser Überzeugung und beruht diese Überzeugung auf sachlich überprüften Arbeitserfahrungen, dann kann ich nur sagen: »Ausgezeichnet!« Manche Leute arbeiten *tatsächlich* am besten unter Druck. Für viele andere kann ein zu großer Druck vernichtend sein. Ein Student, der eine Semesterarbeit bis zur letzten Minute aufschiebt, eine Hausfrau, die das Verpacken des wertvollen und zerbrechlichen Teils ihrer Habe für den Umzug aufschiebt, ein leitender

Angestellter, der die Vorbereitungen seiner Herbstkampagne aufschiebt — sie alle müssen ihre Arbeitserfahrungen überdenken und erkennen, wie sie am besten zurechtkommen.

Arbeiten Sie wirklich *gut* unter Druck? Nehmen wir den Studenten, der seine Semesterarbeit erst in letzter Minute schreibt. Aus vielerlei Gründen mag seine Arbeit nicht so gelingen, wie es der Fall sein könnte, wäre seine Zeit weniger knapp bemessen. Wichtiges Material kann vielleicht nicht herangezogen werden, informative Besprechungen müssen möglicherweise unterbleiben — die Zeit drängt. Wer in letzter Minute eine fieberhafte Aktivität entwickelt, nimmt es mit der Genauigkeit nicht mehr so genau. Eine letzte Überarbeitung ist ausgeschlossen, die sprachliche Form dürfte kaum überzeugen.

Fragen Sie sich, ob Sie nicht vielleicht *länger* brauchen, wenn Sie eine wichtige Arbeit bis zur letzten Minute aufschieben. Wer Überstunden über Überstunden für ein Projekt der Dringlichkeitsstufe 1 aufwendet, strapaziert seine physischen und psychischen Kräfte allzusehr. Die Gedanken werden wirr. Stunden mögen mit der Lösung eines Problems vertan werden, das man bei klarem Verstand in Minuten ergründen könnte.

Auch Emotionen können Zeit kosten. Sie brauchen Zeit, um sich zu sorgen, ob Sie jemals an die Aufgabe herangehen; ob die Arbeit den Ansprüchen genügen wird; ob Sie den Termin einhalten können. Machen Sie sich Selbstvorwürfe, weil Sie sich in eine solche Lage gebracht haben? Bedauern Sie es, daß Sie heute abend nicht ausgehen können? Sind Sie enttäuscht, weil Sie sich wirklich keine Chance geben, Ihre Fähigkeiten unter besseren Bedingungen zu demonstrieren?

Arbeiten unter Druck bringt nur Nachteile

Wenn jede Minute zählt, muß natürlich auch jede Routinearbeit an einem Projekt beschleunigt werden; das kann Sie oft zwingen, selbst Arbeiten zu leisten, die bei entsprechender Zeiteinteilung andere hätten erledigen können. Sie müssen selbst fotokopieren, tippen, vergleichen, heften und andere Büroarbeiten erledigen — denn um drei Uhr morgens steht Ihnen keine Sekretärin zur Verfügung.

Macht es Ihnen eigentlich Spaß, unter Druck zu arbeiten — wenn auch erfolgreich? Oder fühlen Sie sich als Sklave Ihrer Termine? Kennen Sie die Panik der letzten Stunden und Minuten, in denen die Entscheidung fällt, ob Sie ein wichtiges Projekt rechtzeitig abschließen — oder nicht? Fragen Sie sich gelegentlich, ob es nicht doch einen anderen Weg gibt — eine Möglichkeit, gelassener zu arbeiten und die Lage zu beherrschen?

Werden Sie unausstehlich, wenn Sie unter Druck arbeiten? Verärgern Sie Ihre Mitmenschen, wenn Sie Ihre Aufgabe über alle anderen Aufgaben stellen? Denken Sie daran: Nicht alle Menschen sind der felsenfesten Überzeugung, daß *Ihr* Projekt das wichtigste Projekt ist.

Wenn alle Ihre Aufgaben konstanten Druck erzeugen und wenn dieser Druck Sie zu stark belastet, dann sollten Sie vielleicht die Stellung wechseln. Doch wenn Sie sich den Druck durch ständige Verschiebungen selbst aufgebürdet haben, dann können Sie vielleicht etwas dagegen tun.

Arbeiten Sie *nur* unter Druck erfolgreich? Vielleicht leben Sie auf durch das leidenschaftliche Engagement, ohne das ein Termin in letzter Sekunde nicht zu schaffen ist. Und wenn der Druck weg ist? Erscheint Ihnen die Zeit zwischen den Terminen unerträglich eintönig und steril? Herumhocken und in Papieren kramen, Unbedeutendes erledigen und abwarten, daß der Druck allmählich wachse — das alles macht nicht sehr viel Spaß. Natürlich können Sie die

Zeit zwischen Terminen nutzen, um tief durchzuatmen, um sich von der letzten Krise zu erholen und sich auf die nächste Krise vorzubereiten — und dagegen läßt sich grundsätzlich nichts einwenden. Doch wenn Sie sich nur unter großem Druck völlig auf der Höhe fühlen und sich ansonsten in der Talsohle wähnen, sollten Sie vielleicht einige Änderungen erproben. Ihr Idealfall wäre es doch auch, wenn Sie flexibel genug würden, um jederzeit aus jeder Situation zu profitieren.

Hier ein Vorschlag zur Bekämpfung der Termin-Manie: Warten Sie das nächstemal nicht ganz so lange, bevor Sie sich in die Arbeit stürzen. Beginnen Sie, wenn der Termin noch nicht buchstäblich vor der Tür steht. Starten Sie etwas eher, auch wenn der Druck noch nicht so stark auf Ihnen lastet. So können Sie lernen, auch unter vermindertem Druck intensiv zu arbeiten — und Sie werden sicher feststellen, daß sich dann Ihre Willenskraft vergrößert. Sie werden sich frei und selbstbewußt fühlen, selbstsicher und entspannt. Ihr Handeln wird dann von der Gewißtheit geprägt sein, daß Sie Ihre Zeit in der Hand haben — und Ihr Leben.

20

Stimulieren Sie sich durch Erfolgserwartungen!

Ich werde jetzt eine Methode beschreiben, die auf dem Betonen der Erfolgsaussichten basiert. Sie soll Ihnen in der Stunde der Entscheidung helfen, Ihre Abneigung gegen ein unappetitliches A-1 zu überwinden.

Mr. O'Henry hatte eine Idee; diese Idee, so glaubte er, könnte seiner Organisation Tausende von Dollars jährlich sparen. Normalerweise hätte er seinen Vorschlag sofort bei der entsprechenden Abteilung eingereicht. Doch diesmal zögerte er: Eine Annahme seines Vorschlags konnte möglicherweise dazu führen, daß der Arbeitsbereich eines Mitarbeiters eingeengt wurde.

Die Verbesserung, die Mr. O'Henry ersonnen hatte, schien nicht unproblematisch; es war ein gewisses Risiko dabei. Sein Vorgesetzter hatte ihm bereits deutlich seine Meinung gesagt: »Das haben wir schon vor neun Jahren versucht. Damals hat es nicht geklappt, und heute wird es genausowenig klappen.«

Das Risiko eines Fehlschlags, der denkbare Groll seines Mitarbeiters und die Unkenrufe seines Vorgesetzten hatten ihn bisher davon abgehalten, seinen Verbesserungsvorschlag schriftlich einzureichen. Dennoch war Mr. O'Henry – trotz aller Bedenken – überzeugt, daß sein A-1 in der Einreichung seines Vorschlags bestand.

Schließlich rang er sich auch dazu durch, sein A-1-Vorhaben in die Tat umzusetzen: Er reichte den Vorschlag ein, nachdem er eine Liste aller Vorteile erstellt hatte, die sich daraus ergeben konnten. Er sah zwei Arten von Vorteilen voraus: 1. »Plus«-Vorteile, die sich aus dem A-1 ergeben würden, und 2. »Minus«-Vorteile, Nachteile, die sich durch das A-1 eliminieren ließen.

Zu der Plus-Seite zählten: eine Prämie von 20% der Einsparungen des ersten Jahres (mindestens 1250 Dollar), das erhebende Bewußtsein, gute Arbeit geleistet zu haben, und die Anerkennung durch das Management (verbunden mit der Aussicht auf eine attraktivere und höher dotierte Stellung).

Eine Reihe von Schwierigkeiten konnten durch das A-1 behoben werden. Zu diesen »Minus-Punkten«, die sich eliminieren ließen, gehörten: daß er sich vorerst jede Nacht den Kopf zermarterte, ob er seinen Vorschlag einreichen sollte (denkbare Folgen: Geschwüre, Klinikaufenthalt, Existenzbedrohung), daß der Kontakt zu seinem Mitarbeiter emotional gestört war und daß er seinen Vorgesetzten geradezu haßte, der sein Fortkommen in der Firma anscheinend zu blockieren trachtete.

Als er begann, die Vorteile gebührend herauszustreichen, gewann sein A-1 derart an Attraktivität, daß er sämtliche Bedenken überwand und seinen Vorschlag erwartungsvoll einreichte.

Wie man sich selbst belohnt

Die Betonung der Erfolgsaussichten erscheint besonders dann geraten, wenn Sie sich durch ein zeitraubendes oder komplexes A-1 kämpfen. Im Verlauf eines vertrackten A-1 mag es bisweilen sogar notwendig sein, die Erfolgserwartungen zu übertreiben und sie wie einen Ballon aufzublähen.

Wenn Sie bereits alle Vorteile erwogen haben, die Ihnen aus dem A-1 erwachsen können, und Sie die Arbeit immer noch hart ankommt, dann müssen Sie vielleicht noch selbst zusätzliche Vorteile schaffen. Die neuen Vorteile sind wie manche Zusatzklauseln eines Gesetzentwurfes, mit deren Hilfe man die Zustimmung zögernder Abgeordneter gewinnen will.

Nehmen wir an, Sie müssen geschäftlich verreisen. Die Reise widert Sie an. Vielleicht bessert sich Ihre Stimmung, wenn Sie anschließend noch mit Ihrer Frau ein beliebtes Winterurlaubsziel ansteuern. Sie haben dadurch nicht nur die A-1-immanenten Vorteile betont (etwa mehr Geld und möglicher Aufstieg); Sie haben einen zusätzlichen Köder ausgelegt, der A-1-Appetit bei Ihnen wecken soll.

Sie können sich selbst eine Belohnung in Aussicht stellen, um die Bearbeitung einer Aufgabe zu befördern. Nehmen Sie sich vor, bis nachts um elf zu arbeiten — und dann endlich diese ausgezeichnete Zeitschrift zu lesen oder sich einmal richtig auszuschlafen.

Belohnen Sie sich, wenn Sie im Rahmen einer großen Aufgabe Etappenziele erreicht haben: wenn alle Daten für einen Bericht bei Ihnen eingetroffen sind; wenn Sie sich mit sechs Bewerbern um die Assistentenstelle unterhalten haben; wenn Sie die ersten Rohentwürfe für die neue Fabrikanlage in Händen halten. Wenn Sie heute an dem Jahresbericht arbeiten, können Sie sich anschließend noch einen Schluck genehmigen. Dies alles sind Möglichkeiten, sich selbst zu belohnen.

Wichtig ist auch die Belohnung für einen erfolgreichen Abschluß. Wenn ich dieses Buch beendet habe, fahre ich in Urlaub.

Es bringt Ihnen auch etwas, wenn Sie eine Belohnung für die Erreichung eines momentanen Ziels mit Ihren Lebenszielen in Verbindung bringen. Sie können sagen: »Also, wenn ich das schaffe, behalte ich nicht nur meine Stellung, sondern kann mich sogar verbessern.« Dann können Sie intensiv an die Belohnung denken. Haben Sie wohlsortierte Lebensziele, sind Sie gewiß in der Lage, dieses A-1 mit weiteren Lebenszielen in Verbindung zu bringen. Auch das bedeutet eine Betonung der Vorteile.

Um sich eine unerfreuliche Aufgabe schmackhaft zu machen, kann man sich schon einen kleinen Vorgeschmack davon geben, was nach getaner Arbeit auf einen wartet. Erinnern Sie sich an den Urlaub, den ich nach diesem Buch machen will? Nun, lange bevor das Buch fertig ist, suche ich unser Reisebüro auf und reserviere den Flug, das Hotel und den Leihwagen; dann gehe ich nach Hause und schreibe weiter. Ich komme mit meinem A-1 besser voran, indem ich mir die Aussicht auf die damit verbundene Belohnung vergegenwärtige.

Müssen Sie einem unerfreulichen A-1 zu Leibe rücken, können Sie die Aufgabe auch in ein Spiel verwandeln. Angenommen, vor vier Jahren brauchten Sie und Ihre Frau zehn Stunden, um Ihr Wohnzimmer zu streichen. Und heute? Schaffen Sie es diesmal in neuer Rekordzeit? Wenn Sie Sekretärin sind: Können Sie diesen Bericht, den Sie so oft zu tippen haben, das nächstemal fehlerlos schreiben? Notieren Sie sich die Anzahl der Fehler des letzten Versuchs und bemühen Sie sich, dieses Ergebnis zu unterbieten.

Erfordert Ihre Aufgabe eher Routinearbeit? Dann stellen Sie doch fest, wieviel Sie in fünfzehn Minuten schaffen oder wie nonchalant Sie sich Ihrer Pflicht zu entledigen vermögen. Jedes Mittel sollte Ihnen recht sein, das zur Bewältigung Ihres A-1 beiträgt. Wenn Sie den Anreiz variieren, fördert das Ihre Einsatzbereitschaft, und selbst ein künstlich geschaffener Anreiz kann Sie stimulieren. Betonen Sie Ihre Erfolgsaussichten — und nähern Sie sich unaufhaltsam Ihrem A-1-Ziel.

21

Die Rückkehr nach einer A-1-Flucht

Bei der gesamten Diskussion über die Verzögerung bin ich davon ausgegangen, daß Sie nach wohlgeratener Planungsarbeit Ihr A-1 ganz klar vor Augen haben. Sie können sich sofort ans Werk machen — oder nicht. Meine Klienten wissen: Die Methoden, die ich in den letzten Kapiteln erläutert habe, fördern ganz entschieden die Bereitschaft zu unverzüglichem Handeln und tragen dazu bei, Verzögerungen zu verhindern.

Doch jeder wird gelegentlich verzögern. Deshalb möchte ich Ihnen jetzt demonstrieren, was tatsächlich geschieht, wenn Sie sich von Ihrem A-1 abwenden — wenn Sie eine wirklich wichtige Aktivität bewußt oder weniger bewußt verzögern.

Wenn Sie nichts für Ihr A-1 tun, so tun Sie etwas anderes. Dieses »andere«, wie wichtig oder unwichtig es für sich genommen auch sein mag, erscheint teilweise attraktiv, da es gewissermaßen eine Zuflucht vor dem A-1 darstellt.

Jedermann bevorzugt ganz bestimmte Schlupfwinkel. Man kann sich in As, in Bs, in Cs oder das Betrachten wohlgeformter Mädchenbeine flüchten. An Ihrem Arbeitsplatz müssen Sie im allgemeinen einen Ausweg finden, auf dem der Schein erfolgsorientierter Emsigkeit gewahrt bleibt. Im Privatbüro oder zu Hause verfügen Sie meist über mehr Spielraum und können vielleicht gar den Schlaf des A-1-Ungerechten schlafen.

Sieben beliebte Fluchtziele

Ich zähle nun Ersatzaktivitäten auf, die beliebte Fluchtziele darstellen. Fragen Sie sich beim Durchlesen, zu welchen dieser Möglichkeiten *Sie* Zuflucht nehmen, wenn Sie vor dem A-1 davonlaufen. Sie können also beispielsweise:

1. *Sich etwas gönnen.* Etwas tun, was Ihnen wirklich Spaß macht. Einen neuen Hut, eine neue Krawatte, ein neues Buch kaufen. Sich den Rest des Tages freinehmen und Golf spielen. Sich von der Sonne bräunen lassen. Ins Kino gehen. Schlafen. Baden oder duschen und in aller Ruhe Ihren Körper pflegen.

2. *Menschliche Kontakte pflegen.* Besuche machen, Telefonate führen. Eine alte Freundschaft auffrischen. In Leutseligkeit machen und jede Gelegenheit zu einem kleinen Schwatz nutzen.

3. *Lesen.* Einen ganzen Stapel Zeitschriften durchgehen, der seit längerer Zeit auf dem Nebentisch lagert. Belangloses Material aus der untersten Schublade überfliegen. Zwei Stunden Ihrem ›*Wall Street Journal*‹ widmen oder sich in ältere Sonntagsausgaben der ›*New York Times*‹ vertiefen.

4. *Selbst-ist-der-Mann spielen.* Das Brot nicht beim Bäcker holen, sondern im eigenen Ofen backen. Die wichtigsten Seiten eines Buches nicht fotokopieren, sondern eine Stunde lang handschriftliche Exzerpte anfertigen. Eine endlose Zahlenreihe im Kopf addieren, anstatt sich der Rechenmaschine zu bedienen. Selbst eine Aufgabe lösen, die Sie delegieren könnten. Sich unablässig über die Probleme anderer den Kopf zerbrechen. Sich in Arbeitsbereiche einwühlen, die Sie kaum betreffen.

5. *Alles übertreiben.* Die Arbeit Ihrer Angestellten so penibel überwachen, daß sie niemals ungestört arbeiten können. Ihre Besucher langatmig über Ihre Mimosen, Ihre Schmetterlingssammlung, Ihre Arthritis und vor allem über Ihren Zeitmangel aufklären. Ihren Chef so ausführlich über

die Erfolge Ihrer Arbeit informieren, daß Sie kaum noch dazu kommen, weitere Erfolge zu erzielen. Ihren Schreibtisch blitzblank aufräumen, innen und außen, und ihn in ein Symbol der Sauberkeit und Ordnung verwandeln.

6. *Weglaufen.* Wenn Sie in der Zentrale arbeiten: den Außendienst organisieren. Sind Sie im Außendienst: die Zentrale ansteuern. Etwas expedieren, was des Expedierens nicht bedarf: eine Mitteilung eigenhändig zu einer Zweigstelle befördern. Ihre Kaffeepause endlos ausdehnen. Ihre Mittagspause endlos ausdehnen. Die paar Minuten für ein Bier endlos ausdehnen. Einen kurzen Ladenbummel endlos ausdehnen.

7. *Ihre Gedanken auf Reisen schicken.* Von Ihrem nächsten Wochenende träumen. Sich um all die Dinge sorgen, die Ihre gegenwärtige Aufgabe nicht berühren. Ihre Finanzen für die Zeit nach der Gehaltserhöhung planen, die noch gar nicht genehmigt ist. Sich in der Erinnerung an eine geistreiche Bemerkung sonnen, die Sie gestern auf einer Party gemacht haben.

Zweifellos können Sie diese Liste noch ergänzen, wenn Sie von Ihnen bevorzugte Möglichkeiten anfügen. Ich habe keineswegs etwas dagegen — und ich bitte Sie, das zu beachten —, daß man sich etwas gönnt, liest, Kontakte pflegt oder seine Gedanken auf Reisen schickt. Ganz im Gegenteil: Solche Dinge machen das Leben oft erst lebenswert. Gerade dadurch erscheinen sie ja auch so attraktiv. Das Problem ist, daß Sie liebend gerne solche Ziele ansteuern, wenn Sie sich Ihrem A-1 zuwenden sollten.

Andere Ersatzaktivitäten, zu denen man gern Zuflucht nimmt, sind raffiniert getarnt und schwer zu identifizieren. Vielleicht verplempern Sie Ihre Zeit an der Peripherie des A-1 und widmen sich allzu ausgiebig irrelevanten Details, anstatt zum Kern der Sache zu kommen. Oder Sie bereiten sich so umständlich auf Ihr A-1 vor, daß Sie für das A-1 selbst schlußendlich keine Zeit mehr haben (erinnern Sie sich an die Kissen-Schlacht von Mrs. Gill?).

Noch ein letzter A-1-Ausweg: Sie können sich in die Höhle Ihrer Emotionen zurückziehen und Schuldgefühle hätscheln, wütend werden oder sorgenvoll Ihre Lage überdenken. Solche Emotionen sind häufige A-1-Flucht-Ziele. Gewiß muß man sich in gewissen Lagen fragen, ob man vielleicht die falsche Stellung, das falsche Haus oder den falschen Ehepartner hat. Stellen Sie sich derartige Fragen jedoch stereotyp, dann sollten Sie es zur Abwechslung mit Lakeins Frage versuchen.

Sie müssen eine Zeitverschwendung klar erkennen!

Manche Fluchtziele sind zweifellos erstrebenswert, und ihre Verwirklichung kann unter Umständen ausgezeichnete Nebenprodukte abwerfen: Sie können bessere Selbstkontrolle anstreben, Listen verfertigen, Ihre Arbeitsmoral zu verbessern trachten, Kontakte zu Ihren Mitmenschen pflegen, eine kurze Erholung suchen, Ihr A-2 oder Ihr A-3 bearbeiten, versäumte Pflichtlektüre nachholen. Deshalb mögen Sie sich leicht einreden, wirklich etwas aus Ihrer Zeit zu machen, auch wenn Sie sich nicht um Ihr A-1 kümmern. Vielleicht nutzen Sie Ihre Zeit in der Tat recht sinnvoll — doch Sie nutzen Ihre Zeit keineswegs *optimal.*

Optimal nutzen Sie Ihre Zeit dann, wenn Sie an Ihrem A-1 arbeiten — wie Sie bereits beschlossen haben. Verglichen damit stellt jede andere Aktivität eine Zeitverschwendung dar. Betrachten wir den Fall eines meiner Klienten, der in der Forschung tätig war. Ständig zögerte er ein äußerst kompliziertes Vorhaben hinaus, das von größter Bedeutung war. Obwohl er sich diese Bedeutung stets vor Augen hielt und sich auf das A-1 zu konzentrieren suchte, kam er keinen

Schritt vorwärts. Er akzeptierte meinen Vorschlag, sich in jeder Stunde der Entscheidung genau zu beobachten — also immer dann, wenn er sich gegen das A-1 und für eine andere Aktivität entschied.

Zuerst fühlte er sich als hilfloser Beobachter. Es schien, als würde der Verzögerungsprozeß automatisch weiterlaufen, ohne daß er irgend etwas dagegen tun könnte. Doch er tröstete sich vorerst, indem er sich sagte, daß er ja jetzt nur die Dynamik des Prozesses zu verstehen suchte — wodurch er den ersten Schritt zu seiner Kontrolle vollzöge.

Nach einigen Tagen aufmerksamer Selbstbeobachtung in der Stunde der Entscheidung begann er, gewisse Verhaltensmuster zu erkennen. Sobald er an die A-1-Aufgabe dachte, fühlte er sich entmutigt und verkrampft. Meist ging er dann schnell dazu über, an einem längst vertrauten Projekt Verbesserungen anzubringen. Er sprach mit anderen über einen Aspekt dieses Projekts, bedachte oder bearbeitete gewisse Punkte neu. Er fühlte sich als Herr der Lage. Zwar widmete er sich nicht seinem A-1, doch er leistete wichtige und produktive Arbeit.

Im stillen hegte er jedoch den unliebsamen Verdacht, daß er rationalisierte. Er perfektionierte das alte Projekt nicht, weil es jetzt auf diese Perfektion ankam (die Arbeit daran *war* erforderlich, doch nicht zu diesem Zeitpunkt); er befaßte sich mit der vertrauten Aufgabe, weil Sie ihm sichere Zuflucht vor dem A-1 bot.

Jedesmal wenn er an dem alten Projekt arbeitete, sollte er sich nun auf meinen Rat hin sagen: »Ich verschwende meine Zeit.« Und während der nächsten Wochen gestand er sich Hunderte von Malen ein: »Ich verschwende meine Zeit.«

Zunächst schienen ihn solche Geständnisse nicht von der A-1-Flucht abzuhalten. Dann zeigten sich die ersten Wirkungen dieser Worte. Sein Fluchtziel, das ihm vordem verlockend erschien, begann seine Attraktivität einzubüßen.

Als er immer deutlicher erkannte, daß er wirklich seine Zeit vergeudete, wendete sich das Blatt schließlich. Anstatt automatisch nach einem Ausweg zu suchen, sagte er sich nun, daß er keineswegs die Pflicht hatte, Zeit zu verschwenden. Er hatte beschlossen, sein Heil in der Flucht zu suchen — er konnte auch beschließen, A-1-Arbeit zu leisten. Er stand vor dem Entweder-Oder: A-1-Flucht oder A-1-Hinwendung. Als es ihm gelang, sein Problem unter diesem Aspekt anzugehen, mied er allmählich den Ausweg und wandte sich zunehmend dem A-1 zu.

Wirklich bezahlt machte sich diese Einstellung einige Monate später, als man ihm eine neue und noch diffizilere Forschungsarbeit anbot. Er hatte seine Fluchtmechanismen studiert: Von Anfang an bemühte er sich recht erfolgreich, Verzögerungen gar nicht erst aufkommen zu lassen und sich intensiv dem neuen Projekt zu widmen.

»Ich verschwende meine Zeit«: Ich habe festgestellt, daß die ständige Wiederholung dieses Satzes in besonderem Maße Hausfrauen hilft, die stets der Erledigung harrende Routinearbeiten einer anspruchsvollen Lebensziel-Aufgabe vorziehen. Will eine Frau Klavier spielen, sollte sie sich beim Klavierabstauben eingestehen: »Ich verschwende meine Zeit.« Dieses Zeitverschwendungs-Warnsignal erschwert es Ihnen zunehmend, Umwege rational zu rechtfertigen. Vor allem werden Sie zu der Überzeugung gelangen, daß *Sie* den Lauf der Dinge kontrollieren und die Entscheidungen treffen.

Wenn Sie die Lage in zunehmendem Maße beherrschen lernen, vergrößern Sie ständig die Chance, daß Sie in der Stunde der Entscheidung das A-1 wählen; dennoch werden Sie nicht immer Erfolg haben. Wissen Sie jedoch erst einmal genau, wann Sie Ihre Zeit vergeuden, erreichen Ihre Chancen nach und nach den Höchststand.

Schneiden Sie sich Ihre Fluchtwege ab!

Wollen Sie in der Stunde der Entscheidung einen positiven A-1-Entschluß sichern, können Sie sich auch bemühen, alle Fluchtwege abzuschneiden. Im Prinzip ist das ganz einfach; wer abnehmen oder sich das Rauchen abgewöhnen will, greift oft zu dieser Methode. Verbannen Sie aus Ihrem Umkreis alle Süßigkeiten oder Zigaretten, so wird es Ihnen schwerfallen, Ihrer Süßigkeiten- oder Zigarettensucht zu frönen. Entwickeln Sie derartige Gelüste, sehen Sie sich mit dem Beschaffungsproblem konfrontiert. Ihr Widerstreben, sich warm zu verpacken und der Kälte im Freien zu trotzen, mag Ihrer Genußsucht erfolgreich Paroli bieten.

Sollten Sie vielleicht das Abonnement dieses mittelmäßigen Magazins kündigen, zu dem Sie sich immer vor dem A-1 flüchten? Wenn Sie sich nicht dazu überwinden können: Wie wäre es damit, wenn Sie es in einer Schublade versteckten? Das würde zumindest seine Ablenkungs-Chance verringern, die sehr hoch ist, wenn es vor Ihrer Nase liegt.

Sind Sie Hausfrau? Bleiben viele Ihrer As auch jeden Morgen liegen? Gehen Sie der Kaffeetante aus dem Nachbarhaus möglichst taktvoll aus dem Weg. Sicher unterhalten Sie sich liebend gern mit ihr, doch dieser hochbefriedigende A-Ersatz hindert Sie leider an der A-Arbeit.

Vielleicht liegt es an Ihrem Zwei-Martini-Mittagessen, daß Sie sich den Nachmittag nicht mehr so recht nach Ihren A-1-Vorstellungen einteilen können. Wenn das Mittagessen und die Drinks für Sie von entscheidender Bedeutung sind (da Sie einen Kunden bewirten, bei dem sich diese Investition lohnt), dann ist dagegen wirklich nichts zu sagen. Doch wenn Sie durch Alkoholgenuß und Kalorienzufuhr eine wichtige Arbeit gefährden, der Sie sich nachmittags widmen müssen, dann sollten Sie sich ernstlich Gedanken machen. Kompromißvorschlag: Warum gehen Sie nicht einmal mit einem Abstinenzler essen? Kulinarischen Genüssen können

Sie dann immer noch frönen. Doch Ihr Alkoholkonsum dürfte sich in Grenzen bewegen, und dadurch wäre eine Voraussetzung geschaffen, daß Sie nachmittags die nötige A-1-Konzentration aufbrächten.

Fliehen Sie dreimal wöchentlich zum Supermarkt, so machen Sie es sich zur Regel, künftig nur einmal zu gehen. Stellen Sie sicher, daß Sie nur einmal zu gehen brauchen: Verwirklichen Sie endlich Ihre Vorstellungen über Vorratshaltung, Vorausplanung und tiefgefrorene Mahlzeiten. Wenn Sie etwas vergessen haben und schon auf dem Sprung sind, dann überlegen Sie, ob Sie nicht auch so auskommen.

Für die meisten Zeitgenossen endet die A-1-Flucht häufig vor dem Fernsehapparat. Machen Sie sich von dem Kasten unabhängig! Entfernen Sie ihn und wenden Sie sich dem A-1 zu! Ein letzter Vorschlag in Sachen A-1-Flucht: Vielleicht vertrauen Sie Ihrer Sekretärin ein Verzeichnis Ihrer bevorzugten Fluchtwege an. Allein die Tatsache, daß Sie die Sekretärin im Besitz dieses brisanten Schriftstücks wissen, mag Sie an der Anwendung Ihrer (durchschaubaren) Tricks hindern — es sei denn, Sie wissen wirklich keinen andern Weg mehr als den A-Ausweg.

Sie können positiv verzögern

Vielleicht haben Sie all meine Verzögerungs-Bekämpfungs-Vorschläge erprobt und schieben Ihr A-1 immer noch vor sich her. Nun gut: Wenn Sie schon verzögern müssen, dann will ich Ihnen zeigen, wie Sie positiv verzögern können.

Setzen Sie sich und tun Sie nichts. Sie haben richtig gelesen — nichts. Lesen Sie kein Buch, kramen Sie nicht in Papieren, stricken Sie keinen Pullover, meiden Sie den Fernsehapparat — sitzen Sie einfach da und rühren Sie sich nicht.

Nach fünfzehn- oder zwanzigminütigem Sitzen (schummeln Sie nicht — Sie dürfen absolut nichts tun) dürfte sich bei Ihnen ein gewisses Unbehagen breitmachen. A-1-Schuldbewußtsein sollte Sie bedrängen. Ihre Aufgabe wartet — und Sie tun nichts. Kostbare Minuten verrinnen, in denen Sie sich hochwichtigen Lebenszielen widmen könnten. Und Sie sitzen herum und tun nichts.

Wenn ich dabei bin, mir in einer A-1-Sache Aufschub zu gewähren, bediene ich mich stets der Methode der positiven Verzögerung und fröne völligem Nichtstun. Glauben Sie mir: Nach zehn Minuten springe ich auf und stürze mich auf mein A-1.

22

Wie man es das nächstemal besser macht

Um mit Hilfe meiner Vorschläge und Methoden optimale Erfolge zu erzielen, benötigt man ein gehöriges Maß Hartnäckigkeit oder Willenskraft. Sie brauchen Willenskraft, um:

1. zu planen, wenn Sie sich gehetzt und überfordert fühlen;

2. bei der A-1-Stange zu bleiben, auch wenn einige Sofortaufgaben Sie in die Sackgasse geführt haben;

3. Ihre beliebten Fluchtziele zu meiden, wenn Sie sich mit einem wichtigen, doch unerfreulichen A-1 herumzuschlagen haben;

4. trotz vorausgegangener Fehlschläge A-1-Haltung zu bewahren;

5. Ihren Lebenszielen täglich einen Schritt näher zu kommen;

6. wahre oder eingebildete Ängste zu überwinden;

7. der Versuchung zu widerstehen, eine höchst einfache (aber belanglose) Aufgabe zu lösen, die sich Ihnen geradezu anbietet.

Jedermann weiß: »Wo ein Wille ist, ist auch ein Weg.« Und jeder kann eine gewisse Willenskraft aufbringen. Doch reicht sie bei vielen nicht aus, um all ihre Aufgaben und ihr Leben selbst zu meistern. Ich werde Ihnen jetzt zeigen, wie Sie die Willenskraft, die Sie bereits besitzen, noch vergrößern können – und wie Sie sie stets dann einsetzen können, wenn Sie ihrer am dringendsten bedürfen.

Bestimmt haben Sie heute so manches getan, was Sie gar nicht tun wollten: Sie sind aufgestanden, haben den 7.51-Uhr-Zug erwischt, sind mit ihm zur Arbeit gefahren, haben diesen peinlichen Brief diktiert, in der Mittagspause das Diätgericht verzehrt, Mrs. McPlump mit ihren ewigen Rückenschmerzen freundlich angegrinst, ihren Ärger hinuntergeschluckt, als Sie den Riß in der besten Jacke Ihres Sohnes entdeckten, diese Jogastellung trotz des Krampfs in Ihrem Fuß eine Minute länger durchgehalten, diese Versammlung besucht, obwohl es regnete und Sie lieber zu Hause geblieben wären.

Übungen, die Ihre Willenskraft stärken

Ich möchte Ihnen jetzt einige Übungen vorführen, mit denen sich die Willenskraft stärken läßt. Beginnen wir mit den einfachsten — denn der Fehler, den die meisten potentiellen Willenskraft-Verstärker machen, besteht darin, daß sie gewissermaßen mit der Brechstange ans Werk gehen. Angehende Gewichtheber bringen auch nicht auf Anhieb zweihundert Pfund zur Hochstrecke. Leichtere Aufgaben können Sie eher bewältigen. Sie denken nicht im Traum daran, sich auf einen bockenden Bronco zu schwingen, wenn Sie Pferde bisher nur aus sicherer Distanz gesehen haben. Doch Sie begehen ebendiesen Fehler, wenn Sie urplötzlich genug Willenskraft aufbringen wollen, um in Windeseile dreißig Pfund abzunehmen. Wie wäre es zunächst mit drei?

Gute Lehrer wissen, daß Kinder dann am besten lernen, wenn der allgemeine Stand der Kenntnisse den Erfordernissen entspricht; so lassen sich auf die denkbar angenehmste Weise stetige Fortschritte erzielen. Untersuchungen haben ergeben, daß sich neue Arbeitstechniken wesentlich müheloser erwerben lassen, wenn schon die ersten Bemühungen zu gewissen Erfolgen führen. Die Ausbildungsmethoden der kanadischen Luftwaffe sehen ein schrittweises Vorgehen vor. Tag für Tag werden die Kenntnisse und Fertigkeiten angemessen und konsequent erweitert, so daß man sich der stetig sich steigernden Anforderungen kaum bewußt wird; dennoch läßt sich so über Monate hinweg ein beachtenswerter kumulativer Effekt erzielen.

Wenn Sie also Ihre Willenskraft vergrößern wollen, sollten Sie meiner Ansicht nach mit leichten Übungen beginnen, bevor Sie sich an immer schwierigeren Aufgaben versuchen.

Normalerweise wird die Willenskraft nur dann erprobt, wenn sie dringend benötigt wird. Doch wenn man sich nur dann ihrer bedient, wenn zur Lösung einer schweren Aufgabe jede mögliche Hilfe erforderlich ist, dann darf Sie ein häufiges Versagen mitnichten überraschen.

Ihr Wille läßt sich mit einem wilden Pferd vergleichen. Ein wildes Pferd läßt sich gewiß nicht zähmen, wenn Sie einfach davonlaufen; Sie brauchen den Kontakt zu diesem Pferd. Nur ein Weg führt wirklich zum Erfolg: Sie müssen auf das Pferd klettern und auf dem Pferd bleiben. Sie müssen versuchen, auf dem Pferd zu reiten. Vielleicht finden Sie sich dann mehrmals auf dem Boden wieder — doch Sie dürfen nicht aufgeben. Steigen Sie wieder auf, klammern Sie sich fest — selbst wenn das Pferd in die falsche Richtung jagt.

Nehmen wir an, das Pferd galoppiert zu seinem Lieblingsplatz weit draußen auf der Weide. Es hat einen Kurs eingeschlagen, der zwischen zwei Bäumen hindurchführen wird. Sie sind nicht in der Lage, das Pferd zu einer Kehrtwendung zu veranlassen, doch vielleicht können Sie den Kurs ändern. Wenn Sie sich mit Geduld an Ihre Korrekturen machen, werden Sie das Pferd schlußendlich dazu bringen, die gewünschte Richtung einzuschlagen. Sie haben Ihr Roß jetzt »unter Kontrolle«. Nun können Sie beginnen, es zu produktiver Arbeit zu erziehen.

Wollen Sie Ihre Willenskraft stärken, so müssen sie quasi

ein Wildpferd abrichten. Entscheidend ist bei dieser Aufgabe, daß Sie Schritt für Schritt vorgehen. Die Prozedur erscheint einfach — vielleicht zu einfach. Urteilen Sie nicht abschätzig darüber, weil sie zunächst geringe Anforderungen stellt.

Machen Sie einen Versuch — Sie werden Ihre Freude daran haben! Sie werden echten Gewinn daraus ziehen. Achten Sie also auf meine Anleitung.

Willenskraft sehnt man sich meistens dann herbei, wenn die Vernunft einen Entschluß diktiert hat, der Sinn einem jedoch nach anderen Aktivitäten steht. Man will in aller Herrgottsfrühe aufstehen und wandern — und bleibt im Bett. Man will abends Briefe schreiben und nicht fernsehen — und das Fernsehprogramm läßt einen den Füllfederhalter beiseite legen. Verlangt es Sie nach gänzlich anderem, als Sie beschlossen haben, fällt es unendlich schwer, den ursprünglichen Beschluß in die Tat umzusetzen.

Geben Sie das nächstemal einem Verlangen nach, einen vernünftigen Entschluß zu unterlaufen, dann registrieren Sie dieses Ereignis ganz bewußt. Gestehen Sie sich ein: Sie — und nur Sie — haben beschlossen, weiterzuschlafen oder fernzusehen. Sie — und nur Sie — sind verantwortlich zu machen.

Zugegeben: Eine Entscheidung, die einen vernünftigen A-1-Entschluß aufhebt, mag auch von fremden Einflüssen bedingt sein — Sie können ebensosehr unter Zwang wie aus freien Stücken gehandelt haben. Dennoch: Irgendwie *haben* Sie eine Entscheidung getroffen, und diese Entscheidung *hatte* direkte Folgen.

Drosseln Sie methodisch Ihren Fernsehkonsum!

Noch hat sich an Ihrem Verhalten nichts geändert; noch handeln Sie Ihren löblichen Absichten zuwider und können nichts dagegen tun. Übernehmen Sie die Verantwortung für Ihre A-Ersatz-Aktivitäten. Geben Sie unumwunden zu: *Sie* wollten im Bett bleiben – *Sie* wollten nicht mehr Briefe schreiben, sondern fernsehen.

Der Knopfdruck, der die Fernsehorgie auslöst, entspricht fast schon einer Reflexbewegung. Diesen Automatismus gilt es zu durchschauen und bewußt zu stören. Doch man beginne mit bescheidenen Versuchen: Können Sie der Abendunterhaltung wenigstens *teilweise* entsagen?

(Anm. d. Ü.: Der folgende Vorschlag basiert auf US-amerikanischen TV-Usancen: Die Werbung geht dem eigentlichen Abendprogramm nicht voraus, sondern zieht sich wie ein roter Faden durch die Sendungen; auch und vor allem die beliebtesten Programme werden immer wieder durch Werbespots unterbrochen. Grund: Die privaten Sender sind auf Werbeeinnahmen angewiesen.)

So könnten Sie etwa beschließen, die Deodorant-, Zahnpasta- und Aspirinwerbung einmal ohne Ton zu genießen. Sobald der erste Deodorant-Spot über den Bildschirm flimmert, erheben Sie sich und drehen den Ton ab. Nach dem Spot erheben Sie sich wieder und drehen den Ton wieder auf. Das wiederholen Sie so lange, bis Sie dieses Trimm-Dich-Programm satt haben. Nun sagen Sie sich: »Nicht schlecht, diese Methode – doch heute abend drehe ich den Ton ganz bestimmt *nicht* mehr ab.« Man sollte nichts übertreiben, meinen Sie. Beim nächsten Werbespot sitzen Sie bequem in Ihrem Sessel und reiben sich die Hände, weil Sie ja nicht aufstehen *müssen*.

Am nächsten Tag versuchen Sie es wieder mit dieser Methode, und diesmal halten Sie wesentlich länger durch, bevor Sie erschöpft sitzen bleiben. Wieder beschließen Sie, den

Ton jetzt nicht mehr abzustellen. Doch als um Mitternacht ein Spot über den Bildschirm flimmert, der das Grauen der Geisterstunde übertrifft, juckt es Sie plötzlich in den Fingern: Sie wollen aufspringen. Jetzt *können Sie gar nicht verlieren*! Springen Sie auf und drehen Sie den Ton ab, dann dürfen Sie sich gratulieren: Sie haben die Willenskraft aufgebracht, Ihr unterbrochenes Experiment fortzusetzen. Bleiben Sie sitzen und lassen Sie den Werbeton über sich ergehen, dürfen Sie sich ebenfalls gratulieren: Sie haben die Willenskraft aufgebracht, Ihrem Abschalte-Verlangen zu entsagen — Sie sind Ihrem Entschluß treu geblieben, Ihren ursprünglichen Werbeton-Abstinenz-Entschluß zu revidieren.

Was Sie auch immer tun: Ihre Aktion ist immer *die* Aktion, zu der Sie sich entschieden haben. Sie dürfen kühn behaupten: Sie handeln konsequent nach vorgefaßten Entschlüssen; Sie kontrollieren Ihre Aktionen.

Erproben Sie am nächsten Abend eine neue Strategie: Drehen Sie jedem zweiten Werbespot für Toilettenartikel den Ton ab. Lassen Sie einen aus, so machen Sie sich keinerlei Gedanken. Sagen Sie sich einfach: »Ich behalte mir das Recht vor, meine Meinung zu ändern, und von diesem Recht mache ich jetzt Gebrauch.« Dadurch zeigen Sie auch, daß Sie kein Roboter, sondern ein denkender, fühlender, spontan reagierender Mensch sind. Seien Sie stolz darauf! Interpretieren Sie all Ihre Aktionen positiv; sagen Sie sich stets, daß Sie dadurch gute Vorsätze befolgen.

Dehnen Sie nach ein paar Wochen Ihre Ton-Experimente auf andere Werbespots aus (etwa für Margarine, Kaffee und Autos). Mehr und mehr kommt Ihnen zu Bewußtsein, für was alles doch geworben wird und wie lästig all diese Werbung sein kann. Auch sollte es Ihnen allmählich dämmern, daß Sie Ihre Zeit sehr viel amüsanter als mit Werbespots verbringen können. Dieser Verdacht läßt sich bestätigen, wenn Sie sich am nächsten Abend zwingen, jeden Werbespot zu sehen und zu *hören*. Wieviel Ihrer nun gestärkten

Willenskraft kostet es Sie jetzt, um Worten aufmerksam zu lauschen, die Sie nun wirklich nicht mehr hören wollen!

Einer meiner Klienten stärkte seine TV-Resistenz auf recht einfallsreiche Weise. Erst wartete er eigens einige Sekunden, nachdem der Werbespot vorüber war, und drehte den Ton erst wieder auf, als das Programm schon weiterlief. Er dehnte die tonlose Zeit allmählich aus — von zwei auf fünf und schließlich auf fünfzehn Sekunden. Als nächstes drehte er nicht mehr den Ton ab, sondern schaltete den Apparat aus, wenn für Toilettenartikel geworben wurde; dann las er in einer Zeitschrift. Manchmal las er einen Artikel zu Ende, bevor er sich wieder einer Sendung zuwandte, die nicht zu seinen beliebtesten zählte. Er setzte seine Experimente fort, stärkte dadurch seine Willenskraft und fühlte sich zunehmend TV-unabhängiger. Allmählich schaltete er das Gerät immer später abends ein. Nach sechs Wochen war er in der Lage, das Gerät für halbe Stunden auszuschalten, die (wie er aus Erfahrung wußte) ohnedies von höchstmittelmäßigen Programmen ausgefüllt wurden. Er brachte seine Fernsehsucht unter Kontrolle und steigerte sein Selbstgefühl.

Wollen Sie Ihre Willenskraft steigern, so denken Sie stets daran: Beginnen Sie behutsam — treiben Sie es nicht zu weit. Ihre Kraft soll nach und nach wachsen; wenn Sie den Bogen überspannen, kann es zu einem Riß kommen. Versuchen Sie sich nicht am höchsten Hindernis zuerst — nehmen Sie nacheinander kleine, mittlere und große Hürden.

Nur noch ein paar Minuten mehr!

Nachdem Sie viele kleine Proben Ihrer Willenskraft bestanden haben, können Sie allmählich höhere Hürden angehen. Wenn Sie vor einer schwierigen Aufgabe stehen, dann denken Sie zunächst gar nicht daran, sie im Handstreich zu nehmen. Seien Sie zufrieden, wenn Sie einen etwas besseren Kampf liefern, als Ihnen das vor einem halben Jahr möglich gewesen wäre. Wenn Sie Ihre Willenskraft alltäglich fast unmerklich steigern, arbeitet in jedem Fall die Zeit für Sie.

Allmählich erwerben Sie größere Disziplin; allmählich drängt es Sie, Ihre Zeit unter Kontrolle zu bringen. Sie errichten innere A-1-Flucht-Hindernisse. Schritt für Schritt nähern Sie sich Ihrem Ziel, Ihre Zeit und Ihr Leben in den Griff zu bekommen.

Je größer Ihre Willenskraft ist, desto geringer werden Ihre Schwierigkeiten, A-1-Anfänge zu finden. Desto mehr werden Sie sich verpflichtet fühlen, Ihr Bestes zu geben — welche Aufgabe Sie auch erwartet. Mit ausreichender Willenskraft werden Sie stets ohne Zögern zur Tat schreiten. Und wenn Sie sich die größte Mühe geben, nutzen Sie Ihre Zeit am besten.

Auch wenn Ihnen die Zunge aus dem Hals hängt: Laufen Sie — wenn Sie können — noch sechzig Sekunden weiter, ehe Sie sich ins Gras fallen lassen. Auch wenn Sie einem zweiten Stück von Mutters Apfelkuchen nicht widerstehen können: Bitten Sie diesmal um ein kleineres Stück. Auch wenn Sie es hassen, das Laub zu harken: Sagen Sie sich, daß das eben sein muß, und nehmen Sie es möglichst nicht so tragisch wie bisher. Was hat es für einen Sinn, jedesmal in Wehklagen auszubrechen, wenn ein Blatt Ihrem Rechen entgeht?

Versuchen Sie, ein paar Minuten *mehr* für ein unangenehmes A zu opfern, bevor Sie für heute Schluß machen. Beschneiden Sie das C um ein paar Minuten, auch wenn Sie sich liebend gern mit ihm beschäftigen. Flüchten Sie sich nicht vor einem unerfreulichen A-1 vor Ihren Fernsehschirm. Halten Sie sich vor Augen: Ein etwas stärkerer Wille kann im Lauf der Zeit eine unerhört starke Willenskraft entwickeln.

23

Geben Sie Ihr Bestes und werten Sie das als Erfolg!

Sind Sie bereit, sich jeden Abend dieser Woche an den Start zu einem Lebensziel zu wagen, auch wenn der Erfolg ungewiß ist? Wenn Sie den Versuch nicht unternehmen, ist ein Gelingen ausgeschlossen. Versuchen Sie es, nehmen Sie Ihre Erfolgschance wahr; doch ein Fehlschlag erscheint durchaus möglich. Was sollen Sie tun?

Die meisten Menschen streben eher danach, Verluste zu vermeiden, als auf Gewinne zu setzen. Nehmen wir beispielsweise die Lektüre der Sonntagszeitung. Lesen Sie jede Seite, da Sie befürchten, es könnte Ihnen sonst etwas entgehen? Je weiter Sie sich von der ersten Seite entfernen, je mehr Sie sich Sektionen zuwenden, die Sie weniger interessieren, desto weniger Erfahrenswertes werden Sie in Erfahrung bringen. Resultat: Sie verschwenden Zeit mit der Aufnahme von Unmengen Lesefutter, das für Sie kaum geistigen Nährwert besitzt; währenddessen hätten Sie besser mit den Kindern gespielt, ein wirklich gutes Buch gelesen oder in der Dunkelkammer gearbeitet.

Manche Menschen wägen endlos lange Pros und Kontras ab, um nur ja nicht einen falschen Schritt zu unternehmen; auch sie treiben Raubbau an ihrer Zeit. Ein »Fehler« kann eine große Zeitersparnis bedeuten. Wollen Sie wissen, was und wie etwas funktioniert, müssen Sie einen Versuch wagen. Unrealistische Ziele können Sie guten Gewissens aufgeben, wenn ein Versuch in dieser Richtung fehlgeschlagen ist. Ihr ganzes Leben hätten Sie sich vielleicht als verhinderter Dichter gefühlt; doch jetzt haben Sie sich abendelang ernsthaft in Dichtungen versucht und wissen, daß Sie eben doch — zumindest gegenwärtig noch — kein Dichter sind. Vergessen Sie die Poesie und wählen Sie ein realistischeres Ziel. Destruktiv Scheinendes erweist sich tatsächlich als konstruktiv: Sie bauen Brücken, die Sie endlich Ihren echten Zielen näher bringen.

Untersuchungen haben bewiesen: Wer auf Erfolge hofft und sie herbeizuführen sucht, hat mehr vom Leben und erreicht seine Ziele häufiger als einer, der das Schlimmste stets befürchtet und sich auch danach richtet. Wer die ersten falschen Schritte auf dem Wege zum Erfolg hinnimmt, wird die Kraft zum Weitermachen finden, bis sich die Mühe letztlich doch bezahlt macht. Lassen Sie sich nicht durch »Fehler« entmutigen. Fehlgeschlagene Versuche gehören nun einmal zum Leben. Denken Sie daran, daß jeder Fehler einen kleinen Schritt auf einem Weg bedeutet, der schließlich zum Erfolg führt.

Ich rede nicht gern von »Versuchen und Fehlschlägen«. Ich nenne diesen Prozeß lieber »Versuche und Erfolge«. Ich erinnere mich gut einer besonders schweren Zeit in meinem Leben, in der nichts zu klappen schien. Ich sagte mir andauernd, daß nur eine begrenzte Anzahl »Fehler« möglich sei und daß jeder »Fehler« letztlich zum Gelingen meines Vorhabens beitragen müsse. Es kam darauf an, daß ich den gleichen »Fehler« nicht zu oft beging. Tatsächlich rückte mein Ziel schließlich näher — sehr viel später und nach unendlich größeren Mühen, als ich mir anfangs hatte träumen lassen. Doch nun hatte sich das Blatt gewendet, und das Glück blieb mir treu. Diese Erfahrung hat es mich gelehrt: Ich halte ständig Ausschau nach neuen Gebieten, auf denen ich »Fehler« begehen kann — auf denen aber auch Erfolge zu erzielen sind.

Wenn Sie etwas tun, was Sie noch nie zuvor getan haben (auch wenn Ihre Bemühungen erfolglos bleiben), dann sind

Sie auf dem Wege dazu, beim nächstenmal mehr zu erreichen. Wie das Ergebnis auch aussehen mag: Sie sind ein ganzes Stück weitergekommen; hätten Sie es nicht gewagt, würden Sie mit Sicherheit stagnieren. Wenn es Sie hart ankommt, Fehlschläge zu akzeptieren, so sagen Sie sich einfach: Lohnt es sich, eine Aufgabe zu lösen, dann lohnt es sich auch, diese Aufgabe schlecht zu lösen.

Versuche und Erfolge

Plötzlich wirkte der Solist bei der Ballettprobe sehr ungraziös: Er hielt die Ballerina falsch. Doch er lehnte eine Wiederholung mit den Worten ab: »Nein. Das ist nicht nötig. Jetzt weiß ich, wie ich es nicht machen darf.« Sein Fehler führte zum Erfolg: Der Solist wußte jetzt, was er zu tun hatte.

Eben sprach ich von Versuchen und Fehlschlägen; ich rede lieber von Versuchen und Erfolgen. Sieht man die positive Seite von Fehlschlägen, beachtet man den Lerneffekt, der stets aus Fehlern resultiert, dann lassen sich auch Fehlversuche als Erfolge buchen. Fehler können Karrieren fördern — der Solist konnte sein Publikum begeistern.

In der wissenschaftlichen Forschung führen reihenweise »Fehlschläge« im allgemeinen zum Erfolg. Die erfolglosen Experimente von Marie Curie, Alexander Fleming und Louis Pasteur gingen in die Tausende. Jeder dieser Wissenschaftler hätte sehr wohl vielleicht nach hundert Fehlversuchen resignieren können — doch dann hätten wir heute vielleicht kein Radium, kein Penicillin und keine pasteurisierte Milch.

Oder nehmen wir die Karriere eines jungen Mannes, der 1832 seine Stellung verlor: Nach einer Reihe von privaten, beruflichen und politischen Mißerfolgen wurde Abraham Lincoln 1860 zum Präsidenten der Vereinigten Staaten gewählt.

Man kann im Leben nicht mehr tun als stets sein Bestes

geben. Zurückzublicken und zu sagen: »Ich hätte es auch besser machen können«, ist ganz gewiß unrealistisch. Es mag Ihr Wunsch sein, es besser gemacht zu haben, und Sie können sich auch vorstellen, daß Sie es besser gemacht hätten. Doch Sie *haben* es eben *nicht* besser gemacht — das heißt: Unter den gegebenen Umständen *konnten* Sie es einfach nicht.

Lassen Sie sich durch Fehlschläge nicht von weiteren Experimenten abhalten. Vergeuden Sie nicht Ihre Zeit mit Grübeleien, was nun »falsch« gelaufen sei. Aus jeder Erfahrung läßt sich etwas lernen. Denken Sie daran: Jedesmal sind Sie älter und auch weiser als das letztemal in einer ähnlichen Situation — selbst wenn dieses Letztemal nur eine Viertelstunde her ist.

Jahrzehntealte Angewohnheiten lassen sich nicht in Tagen ändern. Solche Änderungen brauchen ihre Zeit — manchmal ein Jahr oder auch zwei. Die Kontrolle über seine Zeit, die Kontrolle auch über sein Leben kann man nicht auf wundersame Weise und mit einem Schlag erlangen. Kein »Sesam-öffne-dich« verschafft Ihnen urplötzlich Zugang zu allen denkbaren Methoden optimaler Zeiteinteilung. Doch oft können Sie schon in kurzer Zeit enorme Fortschritte erzielen, können Sie den Zielen Ihres Alltags und auch Ihren Lebenszielen ganz erheblich näher kommen. Folgen Sie meinem Rat: Beginnen Sie sofort mit Ihren diesbezüglichen Versuchen, sobald Sie dieses Buch gelesen haben. Ich habe es erlebt, daß Menschen mit meinen Methoden erstaunliche Ergebnisse erzielten.

Auch Sie können jede Minute mehr genießen, beruflich und privat erfolgreicher sein und mit weniger Mitteln mehr erreichen. Auch Sie können einen Wendepunkt in Ihrem Leben herbeiführen. Sie können Ihrem Leben mehr Zeit abgewinnen.

Wie nutzen Sie also jetzt Ihre Zeit am besten?

Anhang

Wie ich Zeit spare

1. Ich zähle meine Zeit als »Aktiv-Zeit« und versuche, jede Minute befriedigend (und nicht unbedingt vollendet) zu nutzen.

2. Ich versuche, auch die Dinge gern zu tun, die ich nicht gern mache.

3. Ich bin ein unverbesserlicher Optimist.

4. Ich baue Erfolge auf Erfolgen.

5. Ich weine keinen Verlusten nach.

6. Ich halte mir nicht meine Veräumnisse vor.

7. Ich sage mir: »Für die wichtigen Dinge im Leben hat man immer genug Zeit.« Für wichtige Dinge nehme ich mir die nötige Zeit.

8. Ich versuche, jeden Tag eine neue Zeitgewinnungsmethode zu ersinnen.

9. Ich stehe werktags stets um 5 Uhr morgens auf (und gehe früh ins Bett).

10. Mittags wähle ich leichte Kost, damit ich nachmittags nicht schläfrig werde.

11. Ich lese selten Zeitungen oder Zeitschriften. Normalerweise werfe ich am Zeitungsstand einen Blick auf die Überschriften, um mich auf dem laufenden zu halten.

12. Ich blättere Bücher rasch durch, um zu sehen, ob sie neue Ideen enthalten.

13. Ich besitze keinen Fernsehapparat. (In einem Motel

habe ich mit meiner Familie die Übertragung der Mondlandung gesehen; und wir mieteten uns ein Gerät, um die Wahl der Präsidentschaftskandidaten zu verfolgen.)

14. Mein Büro läßt sich von zu Hause leicht zu Fuß erreichen. Bin ich einmal zu faul oder in Eile, fahre ich jedoch.

15. Ich frage mich gelegentlich, ob ich alte Gewohnheiten aufgeben oder rationalisieren kann.

16. Für mich gibt es seit langem keine »Wartezeiten« mehr. Muß ich warten, freue ich mich über dieses »Zeitgeschenk«; ich entspanne mich, mache Pläne oder beschäftige mich mit Dingen, zu denen ich sonst nicht gekommen wäre.

17. Meine Uhr geht ständig drei Minuten vor; das verschafft mir die Gelegenheit zu manchem Blitzstart.

18. In meiner Tasche habe ich stets leere Karteikarten, auf denen ich mir Notizen mache und Einfälle festhalte.

19. Ich überarbeite die Liste meiner Lebensziele einmal im Monat sehr gewissenhaft.

20. Ich überprüfe diese Liste außerdem jeden Tag und setze für die tägliche Arbeit Aktivitäten fest, die mich meinen Zielen näher bringen können.

21. In meinem Büro befinden sich Schilder, die mich an meine Ziele erinnern.

22. Nie vergesse ich meine langfristigen Ziele, auch wenn ich mich mit einer simplen Kurzzeit-Aufgabe befasse.

23. Wenn ich morgens meine Arbeit beginne, plane ich immer zuerst und setze Prioritäten für den Tag.

24. Ich führe eine Liste besonderer Punkte, die jeden Tag erledigt werden müssen, ordne die Liste nach Prioritäten und gebe dann mein Bestes, um danach zu handeln.

25. Ich plane meine Zeit Monate im voraus. Für jeden Monat gestalte ich ein vielfältiges und ausgewogenes Programm; für »heiße« Projekte lasse ich auch Zeit offen.

26. Ich belohne mich mit Freizeit und stelle mir auch andere Vergünstigungen in Aussicht, wenn ich wichtige Aufgaben erfüllt habe.

27. Dinge, die zuerst zu tun sind, tue ich zuerst.

28. Ich denke bei der Arbeit; es nützt nicht viel, einfach zu schuften.

29. Ich versuche, mich nur As zu widmen — niemals Bs und Cs.

30. Ich vertraue auf mein Prioritätsbewußtsein und richte mich danach, auch wenn Schwierigkeiten auftauchen.

31. Ich frage mich oft: »Würde etwas Schreckliches passieren, wenn ich diesen Punkt links liegen ließe?« Lautet die Antwort »Nein«, lasse ich den Punkt links liegen.

32. Wenn ich mich um eine Aufgabe drücken will, frage ich mich: »Wovor drücke ich mich?« Dann suche ich eine offene Konfrontation mit dem Problem.

33. Ich richte mich immer nach der Achtzig-zu-Zwanzig-Regel.

34. Bei großen Projekten widme ich mich erst den vielversprechendsten Teilen; oft kann ich dann feststellen, daß ich mich um den Rest gar nicht mehr zu kümmern brauche.

35. Ich stelle unproduktive Aktivitäten baldmöglichst ein.

36. Ich nehme mir ausreichend Zeit, um mich auf Punkte mit hoher Priorität zu konzentrieren.

37. Ich habe die Fähigkeit erworben, mich über einen längeren Zeitraum konzentrieren zu können (gelegentlich mit Hilfe von Kaffee).

38. Ich konzentriere mich jeweils nur auf eine Sache.

39. Ich konzentriere meine Bemühungen auf Punkte, die auf lange Sicht die größten Vorteile versprechen.

40. Ich lasse nicht locker, wenn ich überzeugt bin, daß ich einen Treffer landen kann.

41. Ich habe mich darin geübt, meine Aufgabenliste Punkt für Punkt zu erledigen — ohne einen zu überspringen.

42. Ich denke oft mit Bleistift und Papier.

43. Morgens arbeite ich alleine (alleine arbeite ich besonders kreativ); nachmittags nehme ich, falls erforderlich, an Besprechungen und Konferenzen teil.

44. Ich setze mir und anderen Termine.

45. Ich versuche, bei jeder Diskussion aktiv zuzuhören.

46. Ich versuche, anderen Leuten nicht die Zeit zu stehlen (es sei denn, daß persönliche Bedrängnis mich zum »Notdiebstahl« zwingt).

47. Ich delegiere alles, was ich delegieren kann.

48. Ich wende mich an Spezialisten, wenn ich spezielle Probleme habe.

49. Jemand kümmert sich um meine Post, um Telefonanrufe und Routineangelegenheiten; ich habe dann mit diesen Dingen weniger Arbeit.

50. Ich verursache so wenig Schreibarbeit, wie ich nur kann, und werfe weg, was immer ich auch kann.

51. Ich nehme jedes Blatt Papier nur einmal in die Hand.

52. Ich notiere die Antworten auf viele Briefe auf den Briefen selbst.

53. Ich halte meine Schreibtischplatte für das jeweils Wichtigste frei, das ich dann mitten darauf lege.

54. Jedes Ding hat bei mir seinen Platz (so vermeide ich zeitraubende Suchaktionen).

55. Sämtliche Belanglosigkeiten erledige ich einmal im Monat in einem Drei-Stunden-Aufwasch.

56. Ich versuche, am Wochenende nicht an die Arbeit zu denken.

57. Ich entspanne mich durch »Nichtstun«.

58. Ich weiß, daß manche meiner Aktivitäten mit unkontrollierbaren Elementen durchsetzt sind — und ich gräme mich deswegen nicht.

59. Ich unterhalte mich während der Arbeit sehr selten über Dinge, die mit der Arbeit nichts zu tun haben.

60. Ich suche nach Wegen, auf denen ich jetzt meinen Zielen näher kommen kann.

61. Ich frage mich immer wieder: »Wie nutze ich in diesem Augenblick meine Zeit am besten?«